आधुनिक हिन्दी कहानी

आधुनिक हिन्दी कहानी

(जैनेन्द्र से नयी कहानी तक)

डॉ. लक्ष्मीनारायण लाल

वाणी प्रकाशन

वाणी प्रकाशन
4695, 21-ए, दरियागंज, नयी दिल्ली 110 002
शाखा
अशोक राजपथ, पटना 800 004
फ़ोन: +91 11 23273167 फ़ैक्स: +91 11 23275710
www.vaniprakashan.in
vaniprakashan@gmail.com

ADHUNIK HINDI KAHANI
by Lakshmi Narayan Lal

ISBN (10digit) : 81-7055-193-5
ISBN (13digit) : 978-81-7055-193-5
Criticism

प्रथम संस्करण 1989
द्वितीय संस्करण 2001
आवृत्ति 2014

मूल्य : ₹225

भारद्वाज प्रिंटर्स, जगतपुरी, दिल्ली-110 093 में मुद्रित

वाणी प्रकाशन का लोगो मक़बूल फ़िदा हुसेन की कूची से

'नयी कहानियाँ' के सम्पादक
बंधुवर भैरवप्रसाद गुप्त को

भूमिका की चंद सतरें

आग्रह है कि मैं 'भूमिका की चंद सतरें' लिख दूँ। आधुनिक हिन्दी कहानी का स्थान और उसका मूल्यांकन उसके इतिहास के अभ्यन्तर में जितनी शक्तियाँ कार्यरत रही हैं—उन सबका लेखा-जोखा तथा विवेचन बड़ी गहन दृष्टि की माँग करता है। इसकी जय-यात्रा प्रेमचंद से शुरू होकर आज की नई कहानी तक अबाध गति से प्रवहमान है।

इस आधुनिकता का श्रीगणेश अपनी समर्थ तथा मानववादी लेखनी से प्रेमचंद ने किया था। उसका महत्त्वपूर्ण विकास जैनेंद्र, अज्ञेय और यशपाल ने अपनी कहानियों द्वारा किया। फिर आई नई कहानी। इस तरह से आधुनिक हिन्दी कहानी का क्षेत्र पूरे भारतीय कहानी साहित्य में सर्वोपरि हो गया। इसमें तब रचनात्मक प्रक्रिया तथा दृष्टिबोध का सवाल सबसे महत्त्वपूर्ण हो गया।

मैंने अपनी पुस्तक 'हिन्दी कहानियों की शिल्पविधि का विकास' में हिन्दी कहानियों के अध्ययन में उन्नीसवीं शताब्दी के उत्तरार्ध से लेकर उन्नीस सौ पचास तक इसका विवेचन और मूल्यांकन प्रस्तुत किया था, पर साहित्य एकेडमी द्वारा सम्पादित 'समसामयिक हिन्दी साहित्य' पुस्तक योजना के अंतर्गत मुझसे वर्तमान हिन्दी कहानी (1947 से 62 तक) का अध्ययन माँगा गया। इस चरण का अध्ययन वस्तुतः 'हिन्दी की नई कहानी' का अध्ययन है। पर यह अध्ययन तब तक अधूरा है जब तक कि नई कहानी के मसीहा प्रेमचंद से इसके अध्ययन का क्रम न समझा जाए और उसके आगे जैनेंद्र, अज्ञेय तथा यशपाल की उपलब्धियों को

इस परिप्रेक्ष्य में न देखा जाए।

प्रस्तुत पुस्तक इस तरह 'आधुनिक हिन्दी कहानी'—जैनेंद्र से लेकर नई कहानी तक की जय-यात्रा पथ में एक अभिनंदन मात्र है। आशा है, सुधी पाठकगण इसे स्नेह से अपनाएँगे।

—लक्ष्मीनारायण लाल

अनुक्रम

आधुनिक हिन्दी कहानी

प्रेमचंद के बाद की हिन्दी कहानियाँ

विकास के अन्तर्जगत का अध्ययन

प्रेमचंद की मृत्यु (1936 ई.) के समय तक हिन्दी कहानी धारा में सर्वथा नवीन प्रवृत्तियाँ स्पष्ट हो चुकी थीं। प्रेमचंद की कहानी कला अपने अंतिम चरण में सहसा जैसे नए आलोक और अपनी नई दृष्टि में उद्दीप्त हो गई थी। 'कफ़न और शेष रचनाएँ' के अन्तर्गत 'कफ़न' के वे दोनों चरित्र—माधव और घीसू जो न जाने किस दैवी प्रेरणा से कफ़न के पैसे हाथ में लिये हुए कफ़न खरीदते-खरीदते एक मधुशाला के सामने आ पहुँचे और जैसे किसी पूर्व निश्चित व्यवस्था से अन्दर चले गए—इन चरित्रों और कहानी के कलारूप में वह प्रवृत्ति सूर्य-आलोक की तरह प्रकाशमय हो गई। और उसका नूतन स्वर और कहानीकार की अन्तर्दृष्टि घीसू में मुखरित हो गई।

घीसू ने कफ़न का रुपया लिये हुए गद्दी के सामने जाकर कहा—साहूजी एक बोतल हमें भी दे देना। इसके बाद कुछ चखना आया, तली हुई मछलियाँ आईं और दोनों चरित्र वहाँ बैठ कर शान्तिपूर्वक पीने लगे। कई कुल्हड़ ताबड़तोड़ पीने के बाद दोनों सरूर में आ गए।

घीसू बोला—कफ़न लाने से क्या मिलता ? आखिर वह जल ही तो जाता। कुछ बहू के साथ तो न जाता। लेकिन लोगों को जवाब क्या दोगे। लोग पूछेंगे नहीं ? कफ़न कहाँ है ?

घीसू हँसा—अबे कह देंगे कि रुपए कमर से खिसक गए। बहुत ढूँढ़ा, मिले नहीं। लोगों को विश्वास तो न आएगा, लेकिन फिर वही रुपए

देंगे। और दोनों खड़े होकर गाने लगे—"ठगिनी क्यों नैना झमकाए। ...ठगिनी...।"

फिर दोनों नाचने लगे। उछले भी कूदे भी; गिरे भी मटके भी। भाव भी बनाए; अभिनय भी किए। और आखिर नशे में मदमस्त होकर वहीं गिर पड़े।

यह है उस नवीन प्रवृत्ति के उदय की एक अकम्प शिखा। 'अलग्योझा', 'बेटों वाली विधवा' की तरह न वह कथा, न वह विकासमयी इतिवृत्त वाली शिल्पविधि, न वह घटना, न वह 'कुसुम' वाली भावुकता, न 'वज्रपात' जैसा वह संयोग, न 'ईश्वरी न्याय' वाला वह आदर्शोन्मुख यथार्थवाद। यहाँ है स्पष्ट, विवेकमयी दृष्टि से देखा हुआ यथार्थ। सामाजिक स्थिति और उसका भयानक वैषम्य। सत्य सामाजिक दृष्टि—चेतन जागरूक कलाकार वाली निगाह। 'कफ़न' की आत्मा में बैठी हुई एक आवाज कहती है—'कैसा बुरा रिवाज़ है कि जीते जी तन ढाँकने को चिथड़ा भी न मिले, पर उसे मरने पर कफ़न चाहिए। कफ़न लाश के साथ जल ही तो जाता है। और क्या रखा रहता है ? यही पाँच रुपए पहले मिले होते तो कुछ दवा-दारू कर लेते।' कैसी यथार्थ अनुभूति है ! कलाकार की आत्मा में भोगी और पगी हुई।

यह थी एक नवीन प्रवृत्ति।

एक और दूसरी प्रवृत्ति का भी द्वार वे झाँक गए थे।

'मनोवृत्ति' कहानी में एक सुन्दर युवती प्रातःकाल गाँधी पार्क में बेंच पर गहरी नींद में सोई पड़ी है। उस पार्क में सुबह विभिन्न प्रकार के पात्र घूमने आते हैं और सब अपनी मनोवृत्ति के अनुसार उस युवती के बारे में सोचते जाते हैं। 'गल्प का आधार अब घटना नहीं, मनोविज्ञान की अनुभूति है। आज लेखक कोई रोचक दृश्य देखकर कहानी लिखने नहीं बैठता। उसका उद्देश्य स्थूल सौंदर्य नहीं, वह तो कोई ऐसी प्रेरणा चाहता है, जिसमें सौंदर्य की झलक हो, और इसके द्वारा वह पाठक की सुंदर भावनाओं को स्पर्श कर सके।' (मानसरोवर : प्रथम भाग, भूमिका पृष्ठ 9)

किंतु प्रेमचंद पहली ही प्रवृत्ति के मसीहा थे। दूसरी प्रवृत्ति तो पहली ही प्रवृत्ति की संगिनी थी—साधन। मुख्य हो गया था यथार्थ। प्रेमचंद ने अपनी कहानी कला के अंतिम चरण में आकर प्रत्यक्ष अनुभूत किया था कि 'वर्तमान आख्यायिका मनोवैज्ञानिक विश्लेषण और जीवन के यथार्थ, स्वाभाविक चित्रण को अपना ध्येय समझती है। उसमें कल्पना की मात्रा कम, अनुभूतियों की मात्रा अधिक रहती है। बल्कि अनुभूतियाँ ही (अब) रचनाशील भावना से अनुरंजित होकर कहानी बन जाती हैं। मगर यह समझना भूल होगी कि कहानी जीवन का यथार्थ चित्र है। यथार्थ जीवन का चित्र मनुष्य स्वयं हो सकता है, परंतु कहानी के पात्रों के दुख-सुख से हम जितना प्रभावित होते हैं, उतना यथार्थ जीवन से नहीं होते, जब तक यह निजत्व की परिधि में न आ जाए। अगर हम यथार्थ को हूबहू खींच कर रख दें, तो उसमें कला कहाँ है। कला केवल यथार्थ की नकल का नाम नहीं है। कला दीखती तो यथार्थ है, पर यथार्थ होती नहीं। उसकी खूबी यही है कि वह यथार्थ न होते हुए भी यथार्थ मालूम होती है।' (मानसरोवर : प्रथम भाग, भूमिका, पृष्ठ 2-3)

शैली की दृष्टि से तो उतनी नहीं, किंतु नई सामाजिक चेतना की दृष्टि से प्रेमचंद की अंतिम कहानियाँ सर्वथा एक नए स्वर, नए विश्वास और विद्रोह की ओर संकेत कर गईं। इसके पीछे प्रेमचंद का अपना व्यक्तित्व तो था ही, पर तत्कालीन परिस्थितियाँ और उस काल की विश्वव्यापी चेतना का हाथ कम नहीं है। 1935 में लेखकों की पेरिस कान्फ्रेंस। मार्क्सवाद। वर्ग संघर्ष। और भारतवर्ष के बंबई फिर लखनऊ नगर में प्रगतिशील साहित्यकार संघ के अधिवेशन। लखनऊ में जिसकी अध्यक्षता स्वयं प्रेमचंद ने ही की। और उसके कुछ समय बाद ही प्रेमचंद का स्वर्गवास। पर उनके अंतिम स्वर, नए क्षितिज को छूने वाले विश्वास और विद्रोह, हिन्दी कथा साहित्य की दिशाओं में नक्षत्र की तरह चमक उठे। इस नई सामाजिक चेतना को उन्होंने कभी हलकू के मुख से कहलवाया, 'तकदीर की खूबी है, मजूरी हम करें, मजा दूसरे लूटें', और कभी घीसू के मुख से, 'वह न बैकुण्ठ जाएगी तो क्या ये मोटे-मोटे लोग जाएँगे, जो गरीबों को दोनों

हाथ से लूटते हैं। अपने पाप को धोने के लिए गंगा में नहाते हैं और मन्दिरों में जल चढ़ाते हैं।'

इस सशक्त पृष्ठभूमि के साथ प्रेमचंद ने अपनी मृत्यु के बाद हिन्दी कहानियों का आकाश की बदल दिया। सामाजिक अर्थबोध आगे तीव्र हो गया। सामाजिक संघर्ष के प्रति जो साहस, जो बिद्रोह भावना प्रेमचंद का अंतिम स्वर था, उसके आगे का द्वार था—समाज की जटिल परिस्थितियों में और गहरे उतरना तथा वस्तुस्थिति के उद्घाटन के लिए प्रयत्न करना। यदि अन्याय, सामाजिक वैषम्य को दूर करना है, मानवता जिसके नीचे बेतरह पिस रही है, यदि उसके विरुद्ध सफल संघर्ष करना है तो निश्चय ही वस्तुस्थिति के जटिल दाँव-पेंच को भी समझना आवश्यक है और परिस्थिति की जटिलता ने अपने विश्लेषण और उद्घाटन के लिए कहानीकार से माँग की—उसकी अन्तर्भेदी समझ की, विश्लेषण की।

कहानी कला की युगीन प्रवृत्तियाँ

अतएव प्रेमचंद से आगे हिन्दी कहानियों में मुख्यतः दो प्रवृत्तियाँ उद्‌भासित हुईं।

(अ) सामाजिक संघर्ष के अर्थबोध की।

(आ) व्यक्ति के मनोविज्ञान से आगे उसके मनोविश्लेषण की। पहली प्रवृत्ति वहाँ से थी जिसके मसीहा प्रेमचंद थे और जिसके नए क्षितिज का उद्‌घाटन उन्होंने अपने अर्थविकास के अन्तिम चरण में किया था।

दूसरी प्रवृत्ति को अतिरिक्त शक्ति पशिचम से मिली थी। प्रेमचंद की मृत्यु के आस ही पास उर्दू में एक बेहद गर्मागर्म कहानी संग्रह प्रकाशित हुआ था। संग्रह का नाम था 'अंगारे'। इस अभूतपूर्व कहानी संग्रह के प्रमुख लेखक थे, सज्जाद जहीर, अहमद अली और डॉक्टर रशीदाजहाँ आदि। कुल सात-आठ कहानियाँ थीं इस संग्रह में। पर संग्रह की सारी कहानियाँ पूर्ण रूप से विदेशी प्रभाव से सराबोर थीं। इंग्लैंड, फ्रांस और अमेरिका में जो उन दिनों 'साइकोएनेलिसिस' मनोविश्लेषण, सेक्स, अवचेतन वर्णन, दमित कामवासना की अभिव्यक्तिपूर्ण कहानियाँ लिखी जा रही थीं, उन्हीं के पूर्ण प्रभाव में इस संग्रह की सारी की सारी कहानियाँ लिखी गई थीं। ये कहानियाँ अपनी कथ्य सामग्री में इतनी नई, आकर्षणमयी और उत्तेजक थीं कि इनका प्रभाव व्यापक रहा। इस संग्रह के सारे कहानीकार 'अंगारे ग्रुप' के नाम से प्रसिद्ध हुए। इसके फलस्वरूप हिन्दी उर्दू दोनों में (उर्दू में बेहद ज्यादा) मनोविश्लेषणवादी, सेक्स प्रधान कहानियाँ लिखी जाने लगीं।

प्रेमचंद के बाद हिन्दी में जो मनोविश्लेषणवादी कहानियों की एक अपूर्वधारा बही, उसके पीछे इस 'अंगारे' की चिनगारी का व्यावहारिक हाथ रहा है। इसके अतिरिक्त प्रेमचंद के बाद जो महत्त्वपूर्ण कहानीकार हिन्दी जगत् में अपनी नई प्रवृत्तियों के साथ प्रकाशमान हुए, जैसे जैनेंद्र, अज्ञेय, यशपाल, इलाचंद्र जोशी और उपेंद्रनाथ 'अश्क' आदि—ये सबके सब विदेशी कथा साहित्य, उसकी कला परंपरा से पूर्ण परिचित तथा बँगला और उर्दू की कहानी कला के ज्ञान के साथ पूर्ण सजग और गंभीरता के साथ हिन्दी कहानी क्षेत्र में अवतरित हुए।

प्रेमचंद का मूल क्षेत्र जहाँ केवल ग्रामीण सामाजिकता थी, वहाँ इस नए चरण में इन कहानीकारों का क्षेत्र अपेक्षाकृत व्यापक हुआ। ग्रामीण सामाजिकता तथा समस्याओं के स्थान पर शहरी मध्यवर्ग और उसकी समस्याएँ अपने विभिन्न पक्षों में कहानी की वर्ण्यविषय बनीं। प्रेमचंद द्वारा उद्भूत सामाजिक संघर्ष के अर्थबोध की धारा मुख्यतः यशपाल की कलम से बहुत व्यापक और गहन हुई। पर अपनी कलात्मक सीमा और सामर्थ्य के साथ, जिसका मूल्यांकन हम बाद में करेंगे। जैनेंद्र की कला का आधार व्यक्ति का अंतर्जगत और उसका मनोविश्लेषण—जिसे व्यापक अर्थ में जैनेंद्र ने 'अलौकिक' 'अतींद्रिय' 'दर्शन' आदि की संज्ञा देकर अपनी इस धारणा को प्रभामंडित करने का प्रयत्न किया। अज्ञेय कवि की दृष्टि लेकर सामाजिक और राजनीतिक संवेदनाओं को अभिव्यक्ति देने आए और उनमें मनोविश्लेषण, सामाजिक संघर्ष की गहन चेतना और कवि-दृष्टि इन तीनों के समन्वय से इनकी अपनी महत्तर धारा बनी। इलाचंद्र जोशी ने अपना सीमित क्षेत्र चुना। मनोविश्लेषण—वह भी केवल 'मैं' और 'अहं' के ही विवेचन विश्लेषण में अपने को न्योछावर कर दिया। उपेंद्रनाथ 'अश्क' को हम किसी विशेष धारा में नहीं रख सकते। इनके अतिरिक्त, भगवतीचरण वर्मा, निराला, सियारामशरण गुप्त, और होमवती आदि कहानीकारों से हिन्दी कहानी का नया आकाश जगमगा उठा।

यह नया आकाश कहाँ से किन स्रोतों से सामने आया, इसका किंचित व्यावहारिक संकेत हमने पहले किया है किन्तु इसका सैद्धांतिक और वैचारिक विश्लेषण अपेक्षित है।

मनोविज्ञान का प्रयोग प्रेमचंद और प्रसाद तथा उनके संस्थानों के सभी समर्थ कहानीकारों ने किया था, पर इस नए काल में आकर मनोविज्ञान की उन्नति और उससे पाई हुई विश्लेषण की पद्धति इस काल के लिए एक नई शक्ति थी। मनोविश्लेषण की इस नई पद्धति का प्रयोग यों तो मानव जीवन के सभी अंगों या स्तरों को समझने के लिए किया गया, पर विशेषकर इस चरण में स्त्री-पुरुष संबंधी उद्घाटन मुख्य रूप से हुआ। जैनेंद्र की 'एक रात' तथा 'राजीव और भाभी' इस सत्य के कलात्मक उदाहरण हैं। इस प्रवृत्ति के आगे के कहानीकारों में विशेषकर पहाड़ी में काम अथवा प्रेमवासना और उसकी विकृतियों का चित्रण भी हुआ।

इसी प्रकार समाजशास्त्र के विकास से और विशेषकर आर्थिक दर्शन के और उसके अन्तर्गत मार्क्सीय मत की प्रगति से सामाजिक संबंधों पर जो नया प्रकाश पड़ा, और उसके अध्ययन की जो नई पद्धतियाँ विकसित हुईं, वे बहुत स्पष्ट रूप से यशपाल और कहीं-कहीं भैरवप्रसाद गुप्त की कहानियों में प्रकट हुईं।

सापेक्षवाद और दर्शन के व्यापक अर्थों को समझकर कहानीकार ने मानव समाज की नैतिक मान्यताओं की नई जाँच-पड़ताल शुरू की। और इससे कहानी में एक नई चीज़ शुरू हुई। अन्तर्जगत की मीमांसा, कहानी के मुख का अंतर्मुखी होना और स्वरूप का अस्पष्ट और काव्यात्मक होना। प्रतीकों का सहारा लेना शुरू हुआ। कहानीकार की दृष्टि इस तरह रसमयी होती हुई भी बौद्धिक हुई।

'एक रात' की भूमिका में जैनेन्द्र ने कहा—"...(लोग) समाधान मुझसे न माँगें, मैं इनकार कर दूँगा। इसलिए नहीं कि समाधान के नाम पर मैं उन्हें बहुत कुछ नहीं दे सकता, प्रत्युत इसलिए कि मैं मानता हूँ कि मन में शंका, उद्वेलन पैदा करना भी मेरी कहानियों का एक इष्ट है।"

अज्ञेय ने 'परंपरा' कहानी संग्रह की 'अलिखित कहानी' में लिखा, 'जो कहानी केवल कहानी-भर होती है, उसे ऐसे लिखना कि वह सच जान पड़े, सुगम होता है। किंतु जो कहानी जीवन के किसी प्रगूढ़ रहस्यमय सत्य को दिखाने के लिए लिखी जाए, उसे ऐसा रूप देना कठिन नहीं, असंभव ही है। जीवन के सत्य छिपे रहना ही पसंद करते हैं, प्रत्यक्ष नहीं

होते। उन्हें दिखाना हो तो ऐसे ही साधन उपयुक्त हो सकते हैं, जो उन्हें प्रत्यक्ष न करें, छिपा ही रहने दें, जो ड्रामाओं और लक्षणों के आधार पर उसका आकार विशिष्ट कर दें, और बस...।'

इस कलागत दृष्टिकोण का परिणाम जैनेंद्र अज्ञेय पर तो स्पष्टतः परिलक्षित ही है। इसका प्रभाव प्रेमचंद के बाद के सभी युगीन कहानीकारों पर प्रत्यक्ष है। क्या मनोविश्लेषणवादी कहानीकार वर्ग, क्या समाजशास्त्री कहानीकार। प्रेमचंद, प्रसाद, सुदर्शन कौशिक आदि की कहानियों में कहानीकार की संवेदना और उसका लक्ष्य स्पष्ट रहता था, क्योंकि उनकी कहानियों के आधारभूत सत्य—नैतिक-सामाजिक (जो कुछ भी हो) स्पष्ट और निष्कपट होते थे। जैसे बिल्कुल शंकाहीन।

लेकिन जैनेंद्र, अज्ञेय और यशपाल युग के मन में जैसे हर क्षेत्र, हर स्तर की मान्यताओं के विषय में शंकाएँ उठने लगी हों। कभी सैद्धांतिक, और कभी व्यावहारिक। इसी का परिणाम यह हुआ कि ये कहानीकार व्यक्तिगत, सामाजिक या अन्य मानवीय संबंधों पर उतने (प्रेमचंद जैसे) स्पष्ट निर्णय देने में झिझकने लगे। 'दृष्टि अधिक व्यापक हुई, सहानुभूति अधिक उलझी हुई, ऊहापोह बढ़ा और निर्णय एक अस्थायी स्थगित अवस्था में छोड़ दिए जाने लगे।'

पर इस पूरे काल (1936 से 1947 तक) के भीतर एक ओर अज्ञेय और दूसरी ओर यशपाल—ये दो ऐसे गंभीर दृष्टि और उच्चस्तर की कला के कहानीकार हिन्दी साहित्य को मिले जिनसे यह काल एक विशिष्ट कहानी युग की संज्ञा को प्राप्त हो गया। ये दोनों कहानीकार ऐसे थे जो अपने समय, इतिहास और मानवमूल्यों के अंतर्गत नई धारा, नए विचारों के गंभीरतम अभिप्राय को समझते थे। जिन्होंने निश्चय ही बड़ी गहराई और पूर्ण उत्तरदायित्वपूर्वक अपने काल की समस्याओं की कलापूर्ण अभिव्यक्ति दी और इनकी कहानियों में सर्वथा एक नए प्रकार की बौद्धिकता (युग के परिप्रेक्ष्य में समस्याओं और अनुभूतियों का गहन विवेचन) रहते हुए भी कहानी में रस और पाठ्य रोचकता की कहीं भी कमी नहीं हुई। कहानी का स्तर और कहानी की व्यापकता का तत्त्व दोनों बहुत ऊँचे उठे। कहानी का राग और अर्थबोध दोनों गहन होकर अपने

आप में (पाठकों के लिए) परम आकर्षक हो गए।

कहानी के रूप विधान और शिल्प पर भी बाहर के प्रभाव स्पष्ट रूप से दीख पड़े। इस युग के जितने भी कहानीकार साहित्य-आकाश में चमके वे एक ओर तो सबके सब पश्चिम के कथा साहित्य के संपर्क में थे (अपनी शिक्षा-दीक्षा से भी और उस काल की माँग से भी और शायद अपने संस्कार से भी) और दूसरी ओर वे बिल्कुल स्वच्छंद और उन्मुक्त होकर फिर भी बड़ी गंभीरता और जैसे बड़ी तैयारी से कहानी क्षेत्र में आए। पश्चिमी कथा धारा के अतिरिक्त यशपाल, उपेंद्रनाथ 'अश्क' मुख्यतः उर्दू कथा साहित्य की धारा के भीतर से ही चमके। इलाचंद्र जोशी और अज्ञेय बँगला टैगोर कथा साहित्य का रस लिये हुए अवतरित हुए। और इन सब में 'अज्ञेय' जैसे पूरब पश्चिम, अपनी भाषा और बँगला भाषा, अतीत और वर्तमान सब रस स्रोतों से शक्ति-सम्पन्न होकर इस क्षेत्र में आए थे तभी उनमें सबसे अधिक विविधता, व्यापकता, चेतनता और कहानी शिल्प का इतना उत्कृष्ट परिष्कार और सफल प्रयोग हैं।

पश्चिमी कहानीधारा में फ्रांसीसी और रूसी कहानियों के अनुवादों का इन कहानीकारों पर सीधा प्रभाव पड़ा। रूसी कहानियों की धारा से हिन्दी कहानीकारों ने नई सामाजिकता के प्रश्न और उसमें नए वस्तु का समावेश करना तो सीखा ही, शिल्प विधान की भी दृष्टि से बहुत प्रेरणा ग्रहण की; कहानीकार की दृष्टि में तटस्थता, वस्तु सापेक्षता और भावुकता के स्थान भावप्रवणता—इन नए तत्त्वों को इस वर्ग के कहानीकारों ने प्राप्त किया। किंतु इसके साथ ही आधुनिक फ्रांसीसी साहित्य की स्वच्छंदता से कई ऐसे संबंध सहसा ही टूट गए जो इस काल के कहानीकारों से बहुत धीरे-धीरे टूटते। जैसे कहानी की इतिवृत्तात्मकता के स्थान पर कहानी में स्वच्छंद तटस्थ रमन का भाव। वस्तुस्थिति के गहन परीक्षण और चरित्र निरीक्षण के लिए वस्तुसामग्री और कहानीकार के व्यक्तित्व का सुंदरतम समन्वय। परिणामस्वरूप शिल्प के स्तर से कहानी की आत्मा से कहानीकार के व्यक्तित्व का मिलन और आत्मप्रक्षेपण की नई शैली का अपनी अन्यान्य विविधताओं के साथ विकास। कहानी के रूप विधान और शिल्प में अपूर्व प्रयोग। इस स्वच्छंदता का नाजायज फायदा भी कई लेखकों ने उठाया,

अतएव इस काल की कहानियों में नग्नवर्णन और भोंड़ेपन को भी खूब खुलकर प्रश्रय मिला।

रवींद्रनाथ टैगोर की अनेक रसमयी कहानियों का सीधे 'अज्ञेय' पर प्रभाव स्पष्ट है। वस्तुस्थिति से सूक्ष्म तत्त्व का भावलोक का जो मनोहारी तादात्म्य टैगोर की कुछ कहानियों में है—जैसे 'क्षुधित पाषाण', 'घाट की बात', 'फुलवारी' आदि में, इनका सीधा प्रभाव 'अज्ञेय' की कुछ उत्कृष्ट कहानियों पर स्पष्ट है—महज़ शिल्प के स्तर से। जैसे 'कोठरी की बात', 'पठार का धीरज' आदि। जैनेंद्र पर भी टैगोर की कहानी कला की उल्लेखनीय छाप है।

इन सब स्रोतों, और महत्तर प्रेरणाओं तथा युगीन प्रवृत्तियों एवं कहानीकारों की जागरूकता का परिणाम इस काल पर श्रेष्ठ रूप में पड़ा। कहानियों की सारी परिभाषा ही बदल गई। कहानियाँ शिल्पवती होती हुई भी विषय, भाव, चरित्र-प्रतिष्ठा और व्यक्तित्व-विश्लेषण आदि तत्त्वों में बहुत आगे और गहरे पहुँच गईं।

जैनेंद्र कुमार

जैनेंद्र की कहानी-कला का मूलाधार जीवन-दर्शन और मनोविज्ञान है। इन्हीं दोनों के व्यापक धरातल से इन्होंने अपनी कहानियों की सृष्टि की है। 'एक रात' (1935) से लेकर, 'जय संधि', (1948) तक इनके ये दोनों धरातल समान रूप से मिलते हैं। इनकी प्रारंभिक कहानियों में अपेक्षाकृत उनका दार्शनिक धरातल पूर्ण स्पष्ट और सशक्त है। प्रारंभ में जैनेंद्र की इस दार्शनिकता की हिन्दी जगत् में बड़ी आलोचना हुई थी, क्योंकि कहानी-कला में यह दार्शनिक तत्त्व पूर्ण मौलिक और क्रान्तिकारी था। वस्तुतः विकास युग में ही यह सिद्ध हो चुका था कि कहानी की आत्मा स्वाभाविकता है, यथार्थ सामाजिक समस्याओं की प्रतिष्ठा है। लेकिन इस नूतन प्रयोग की दिशा में स्वयं जैनेंद्र ने अपना दृष्टिकोण स्पष्ट किया है—"मैं किसी ऐसे व्यक्ति को नहीं जानता जो मात्र लौकिक हो, जो संपूर्णता से शारीरिक धरातल पर ही रहता हो, सबके भीतर हृदय है, जो सपने देखता है। सबके भीतर आत्मा है, जो जगती रहती है, जिसे शस्त्र छूता नहीं, आग जलाती नहीं। सबके भीतर वह है जो अलौकिक है। मैं वह स्थल नहीं जानता जहाँ 'अलौकिक' न हो। कहाँ वह कण है, जहाँ परमात्मा का निवास नहीं है ? इसलिए आलोचक से मैं कहता हूँ कि जो अलौकिक है, वह भी कहानी तुम्हारी ही है, तुमसे अलग नहीं है। रोज के जीवन में काम आने वाली, तुम्हारी जानी-पहचानी चीजों का और व्यक्तियों का हवाला नहीं है तो क्या, उन कहानियों में तो वह अलौकिक है, जो तुम्हारे भीतर अधिक तहों में बैठा है। जो और भी घनिष्ठ और

नित्य रूप में तुम्हारा अपना है।"[1] अतएव जैनेंद्र ने अपने दार्शनिक व्यक्तित्व की सहज प्रेरणा से विशुद्ध दार्शनिक कहानियाँ लिखीं। दार्शनिक संवदेनाओं में संस्कृत आख्यान, आख्यायिका, पौराणिक कथा और कल्पना के आधार से कहानियों की सृष्टि की।

शिल्पविधि की दृष्टि से ये दर्शनगत कहानियाँ जिनमें धर्म, शिक्षा, नीति और आदर्श की प्रतिष्ठा हुई है, साधारण कहानियों की शिल्प से दूर हट गई हैं। इनमें स्पष्ट रूप से वार्त्ता, दृष्टान्त और कथा के तत्त्व आ गए हैं। स्वयं जैनेंद्र के शब्दों में, "दार्शनिक तत्त्व के रूप में सत्य अत्यंत गरिष्ठ है उस रूप में वह सत्य अपरोक्षित भी है। वह अधिकांश के लिए अग्राह्य है, उसको दृष्टांतगत चित्रगत और कथा के रूप में परिवर्तित करो, तभी वह रुचिकर और कार्यकारी बनता है"[2] इस तरह इन दर्शनगत कहानियों में इनके शिल्पगत तत्त्व परम अनूठे ढंग से प्रयुक्त हुए हैं।

दार्शनिक धरातल की कहानियों में कथानक-निर्माण में बहुत कम कला है, क्योंकि इनका कथा-विधान प्राचीन शैली की वार्ता, कथा दृष्टांत आदि के प्रकाश में निर्मित हुआ है। लेकिन इन कहानियों में जैनेंद्र की कला की वास्तविकता स्पष्ट हुई है। उन्होंने यहाँ चरित्र-निर्माण, चरित्र-चित्रण और उनके व्यक्तित्व-प्रतिष्ठा में आश्चर्यजनक शिल्प-कौशल का परिचय दिया है। वस्तुतः यहाँ चरित्र-निर्माण में कल्पना तत्त्व है। फिर भी प्राचीन वार्ताओं, कथाओं और दृष्टांतों के चरित्रों की भाँति यहाँ के चरित्रों में अपना अलग-अलग आकर्षण है। यहाँ के चरित्र मुख्यतः छह वर्गों में बाँटे जा सकते हैं।

(1) ऐतिहासिक चरित्र, जैसे यशोविजय, वसंत तिलका, जय वीर, जय संधि;

(2) पौराणिक चरित्र, जैसे शंकर,. पार्वती, इंद्र आदि;

(3) लौकिक, राजारानी, योगी, वैरागी आदि;

(4) आध्यात्मिक चरित्र;

---

1. जैनेंद्र, 'एक रात', की भूमिका, पृ. 4.

2. वही, पृ. 1.

(5) विशुद्ध भावात्मक और काल्पनिक चरित्र और

(6) प्रतीकात्मक, पशु-पक्षी चरित्र।

'जय संधि', ऐतिहासिक संवेदना की प्रतिनिधि कहानी है। इसमें केवल चार चरित्र हैं। दो पति-पत्नियों के जोड़े, जैसे यशोविजय, और वसंत तिलका, तथा जयवीर, और यशस्तिलका; ये सब चरित्र किसी न किसी अज्ञात प्रेरणा और अंतर्द्वंद्व से अभिभूत हैं। इनके व्यक्तित्व में एक विचित्र रहस्यात्मक प्रेरणा है। यशोविजय में वसंततिलका ने वसंत से इसलिए विवाह किया है कि वह समाज की विषमताओं को चुनौती दे। दूसरी ओर यशस्तिलका ने जयवीर को इसलिए अपना पति बनाया है कि वह अपने पति को यशोविजय के सामने पराजित करे, क्योंकि यशस्तिलका यशोविजय से प्रेम करती है। सब किसी न किसी रहस्यात्मक शक्ति से प्रेरित हैं और सब अपनी-अपनी सीमा में महान् और आदर्श हैं।

यहाँ शंकर पार्वती, इंद्र शची, नारद, कामदेव रति, और गुरु कात्यायन आदि मुख्य चरित्र हैं। लेकिन इन पौराणिक चरित्रों की अवतारणा निरपेक्ष ढंग से न होकर धरती और मानव सापेक्ष हुई है, 'नारद का अर्घ्य', में शंकर पार्वती कैलासपुरी में बैठकर नीचे धरती के आदि मानव को धनराज और जनराज के रूप में अपनी लीला देखते हैं। इनमें नारद पृथ्वी आदि अनेक ग्रहों का भ्रमण करते हुए यहाँ पहुँचते हैं, धरती के मानव की स्थिति की चर्चा होती है। नारद का कहना था कि धरती त्वरा चाहती है। पार्वती ने सहसा अपने आपाद लम्बित केशों से एक लट को निचोड़ते हुए कालकूट अमृत की एक बूँद को पृथ्वी की धुरा में चुवा दिया, फलतः पृथ्वी पर धनराशि आनंद सुसंपत्ति बिखर गई और पृथ्वी पर कलह मच गया। मानव में 'अपना-मेरा' का कीड़ा पैठता है तथा संयुक्त प्रेम विनष्ट हो जाता है। भद्रबाहु में इंद्र कामदेव के सामने धरती के भद्रबाहु और ऊर्ध्वबाहु को रखकर दोनों के चारित्रिक बल और व्यक्तित्व की तुलना की गई है। इनकी परस्पर अवधारणा से यह दर्शन प्रतिपादित किया गया है कि सदा सबका कारण पृथ्वी है, उस पर मनुष्य परम बलिष्ठ और महान् है। अनबन, में बुद्धि और धृति की अवतारणा से नीति और दर्शन पर अपेक्षाकृत निरपेक्ष ढंग से प्रकाश डाला गया है।

लौकिक राजा-रानी के प्रकाश में जिन चरित्रों का निर्माण हुआ है, उनमें मुख्यतः चारित्रिक निष्ठा तथा जीवन नीति का स्तर सबसे उज्ज्वल और सशक्त है। 'रानी महामाया', 'जनार्दन की रानी' और 'राजपथिक', का राजकुमार, ये तीनों चरित्र भावुकता निष्ठा चारित्रिक आदर्श के प्रतीक हैं। यहाँ के स्त्री पात्र अनन्य श्रद्धा भक्ति के प्रतीक हैं, तथा राजा चरित्र और दार्शनिकता के प्रतीक हैं।

जनार्दन राजा यह कहकर कि ब्रह्मांड अनन्त है और गृह मंडल में अनेक आवागमन तो लगा ही है, राज्य छोड़ कर विरक्ति-पथ पर चल देते हैं। 'राज-पथिक' का राजकुमार, और वैजयन्त भी परोक्ष सत्ता के अन्वेषण और संयोग के लिए अपना-अपना राज्य छोड़ कर चल देते हैं।

लौकिक धरातल पर कुछ आध्यात्मिक चरित्रों की भी अवतारणा हुई है। 'लाल सरोवर' का वैरागी इसका प्रतिनिधि है। मानवता की सेवा, आदर्श में अपार निष्ठा, वस्तु के प्रति उत्कट उपेक्षा, ईश्वर में अनन्य भक्ति इसके चरित्र की प्रमुख विशेषताएँ हैं। इस चरित्र को निश्चित सुस्पष्ट रूप देने के लिए, इसके व्यतिरेक में जैनेंद्र ने एक अधम चरित्र की अवतारणा की है। यह वैरागी की चारित्रिक विशेषताओं से बिल्कुल उल्टा है, वैरागी में इतना अध्यात्म बल है कि वह मानवता की सेवा में अथवा वैसे ही जहाँ कहीं जाता है, उसके प्रत्येक पग पर एक-एक अशर्फी उत्पन्न होती रहती है। लेकिन यह वैरागी सोना पदार्थ का परम उपेक्षक है, और उसे अपने अध्यात्म बल का कुछ पता भी नहीं है। इसके विपरीत मंगलदास अतुल स्वर्ण के लालच से वैरागी भक्त हो जाता है, वैरागी को अन्यान्य जीवन परीक्षाएँ देनी पड़ती हैं लेकिन अंत में वैरागी को जब अशर्फी के रहस्य का पता चलता है, तब वह ईश्वर से उसकी परिसमाप्ति की प्रार्थना करता है और वह अपने अभीष्ट को प्राप्त होता है। वैरागी के व्यक्तित्व से परोक्ष सत्ता की महिमा अध्यात्म बल की निष्ठा, वस्तु से ऊपर उठकर रहस्यात्मक शक्ति की ओर प्रेरित होने का हमें संदेश मिलता है।

दार्शनिक धरातल से लिखी हुई कहानियों में कुछ ऐसे भी चरित्रों की अवतारणा हुई है जो विशुद्ध रूप से भावात्मक और काल्पनिक हैं। 'नीलम देश की राजकन्या' उसकी सखियाँ तथा नीलम देश पहुँचने वाला

राजकुमार इसके प्रतीक हैं। राजकुमार की रानी माँ राजकुमार को खाना खिलाते, रात को सुलाते समय अपनी कल्पना से नीलम देश की छोटी-सी रानी के भावात्मक व्यक्तित्व से उसका परिचय कराती है। "सात समुन्दर पार नीलम का देश है, वहाँ लाल पन्नों का महल है। उसमें अकेली नीलम देश की रानी रहती है। समुद्र के नीचे से पानी की परियाँ सीप के पात्रों में तरह-तरह के फल-फूल लाती हैं। फूलों को वह सूँघ लेती है, फूलों का रस पी लेती है। वहाँ की हवा स्वच्छ दूध की-सी है, उसको वह पीती है वह चाँदनी से बारीक सपनों के कपड़े पहनती है। ऐसी है वह रानी जो सोने के महलों में सहस्रों वर्षों से अकेली उस द्वीप की रानी है और आदि से प्रतापी राजकुमार के आने की प्रतीक्षा में अकेलापन काट रही है।"

वस्तुतः यह भावात्मक चरित्र किसी परोक्ष सत्ता का प्रतीक है। इस में अध्यात्म की दार्शनिक व्याख्या है। राजकुमार भी इसी प्रकाश में आता है और दोनों में परस्पर ब्रह्म और आत्मा के व्यक्तित्व का संकेत है।

प्रतीकात्मक चरित्र के प्रकाश में मुख्यतः पेड़-पौधे, जीव-जंतु आदि प्रयुक्त हुए हैं। 'वह बिचारा साँप' में साँप, 'तत्सत्' में बट, पीपल, शीशम, बबूल तथा 'चिड़िया की बच्ची' में चिड़िया आदि चरित्रों को दिया गया है। ये प्रतीकात्मक चरित्र विशुद्ध रूप से मानव दर्शन सापेक्ष्य हैं। इनके माध्यम से मनुष्य जीवन इसकी नीति, उसके व्यवहार तथा इसके जीवन दर्शन पर प्रकाश डाला गया है। इनमें स्वाभाविकता लाने के लिए जैनेंद्र ने स्वाभाविक परिस्थिति और वातावरण उपस्थित करने का सफल प्रयत्न किया है।

वस्तुतः चरित्र निर्माण और व्यक्तित्व प्रतिष्ठा ही इन दार्शनिक कहानियों के प्राण हैं, इसके ही माध्यम से कहानीकार ने अपना अभीष्ट पूरा किया है।

शैली के व्यापक पक्ष में इन कहानियों की निर्माण-शैली, वार्ता तथा दृष्टांत के रूप में हैं। आधुनिक कहानी शैली में इन कहानियों का निर्माण क्यों नहीं हो सका, इसका सबसे बड़ा कारण यही है कि ये कहानियाँ विशुद्ध दार्शनिक धरातल से लिखी गई हैं। स्वयं जैनेंद्र के ही शब्दों में "दार्शनिक तत्त्व के रूप में सत्य अत्यंत गरिष्ट है। उस रूप में वह अपरीक्षित भी है।

वह अधिकांश के लिए अग्राह्य है। फलतः उसको दृष्टांतगत, चित्रगत, और कथा रूप में परिवर्तन करना पड़ा तभी वे दार्शनिक तत्त्व ग्राह्य हो सके।"

कहानियाँ विशेषकर दृष्टांत के रूप में क्यों लिखी गईं। इसके उत्तर में जैनेंद्र का ही दृष्टिकोण इसके संबंध में सबसे अधिक वैज्ञानिक है। "शास्त्र ने तो कह दिया सत्यं वद, लेकिन असली जिंदगी में सत्यं वद सीधी-सादी चीज नहीं रह जाती। सत्यं वद पर जब चलना आरंभ करते हैं तो पेंच पर पेंच पैदा होते हैं। उस सीधे-सादे कथन में शंकाएँ निकलती जाती हैं, जब आदमी कहता है शास्त्र का सत्यं वद हमको मत दो, दुनिया के सामने रख कर दृष्टांत से हमें दिखलाओ, सत्यं वद क्या है, कैसे यह टिकता है।"[1] फलतः ये कहानियाँ दृष्टांत शैली में लिखी गई हैं, सबमें कोई न कोई संसार घटित कथा के दृष्टान्त से दार्शनिक तत्त्व की प्रतिष्ठापना हुई है। वार्ता-शैली में लिखी हुई कहानियाँ अपेक्षाकृत छोटी और रेखाचित्र के रूप में निर्मित हुई हैं, जैसे 'नारद का अर्घ्य', 'बाहुबली', 'तत्सत्' और 'गुरु कात्यायन', आदि वार्ता में वस्तुतः किसी की महिमा वर्णित होती है या किसी के जीवन की एक महत्त्वपूर्ण घटना कही जाती है। इन कहानियों में भी व्यक्तियों के विषय में बातें कही गई हैं।

इनमें कथा विधान सामान्य रहकर व्यक्तियों के विषय में दार्शनिकता की निष्पत्ति सफल रूप से हुई है। कथात्मक शैली में आई हुई कहानियाँ अपेक्षाकृत लंबी और सबसे अधिक आकर्षक सिद्ध हुई हैं, जैसे 'लाल सरोवर', और 'नीलम देश की राजकन्या'। इन कहानियों की शैली बिल्कुल उसी तरह है जैसे कोई कथावाचक या नानी-दादी कहानियाँ सुनाती हैं, उदाहरण के लिए 'लाल सरोवर', कहानी इस तरह कथित है, कमल के फूलों से भरे इस लाल सरोवर की कथा, भाई, प्राचीन है और परंपरा के अनुसार सुनता हूँ, बहुत पहले यहाँ से उत्तर पूरब की तरफ एक नगर बसा हुआ था। उसके बाद खँडहर की हालत में एक शिवाला था[2] आदि। रानी महामाया, कहानी की निर्माण-शैली कथा और नाटक शैली के बीच से है।

1. जैनेंद्र, प्रस्तावना, एक रात, पृ. 2.
2. जय संधि, लाल सरोवर, पृ. 20.

शैली के सामान्य पक्ष में इन कहानियों में देश-काल-परिस्थिति और व्यक्ति आदि का चित्रण, वर्णन सबल और सशक्त हैं।

दार्शनिक धरातल के कारण इन कहानियों के निर्माण में एक निश्चित दार्शनिक नैतिक धारणा सर्वत्र व्याप्त है। यही धारणा लक्ष्य रूप में इन कहानियों के सृजन की मुख्य प्रेरणा रही। लक्ष्य को हम स्पष्ट रूप से तमाम कहानियों में ढूँढ़ सकते हैं, जैसे, 'जनार्दन की रानी' कहानी में लक्ष्य की प्रेरणा, ''ब्रह्मांड अनंत है, और इस ब्रह्मांड में आवागमन तो लगा ही है।'' 'लाल सरोवर' में लक्ष्य की प्रेरणा, ''अनेकानेक अनर्थों का मूल यह स्वर्ण है भौतिकता, लेकिन फिर भी प्रभु, सबमें तुम्हीं हो, तुम्हीं हो।'' इस तरह, वह 'बिचारा साँप' में तो ''परमात्मा सदा मौन रहता है, कृत्य ही में वह व्यक्त है। जगत् की घटना ही जगदीश्वर की वाणी है।'' 'जय संधि', और 'नीलम देश की राजकन्या' जैसी कहानियों के निर्माण की प्रेरणा लक्ष्य में साथ ही साथ अनुभूति की भी तीव्रता स्पष्ट है।

वस्तुतः दार्शनिक धरातल से लिखी हुई कहानियों में जैनेंद्र के चिंतक व्यक्तित्व की पूर्ण अभिव्यक्ति हुई है। इन कहानियों का धरातल इतना ऊँचा है कि कहानी-कला के इस चरम विकास युग में परंपरागत, प्राचीन शैलियों में लिखी हुई कहानियों का मूल्य वस्तुतः भावगत अधिक है, शिल्पगत कम। ये कहानियाँ अध्यात्म दर्शन और रहस्य की उन शाश्वत प्रेरणाओं से लिखी गई हैं जिनका मूलाधार हमारी संस्कृति है।

मनोवैज्ञानिक धरातल से लिखी हुई कहानियाँ, जैनेंद्र की शिल्पविधि की उत्कृष्ट कहानियाँ हैं। यहाँ शिल्पविधान का वह चरमोत्कर्ष सर्वथा स्पष्ट है, जो प्रेमचंद, प्रसाद युग से हमारे अध्ययन को बहुत आगे बढ़ाता है। शिल्पविधान घटना के प्राधान्य, इतिवृत्त के विस्तार और बाह्य संघर्षों और परिस्थितियों के चित्रण, वर्णन से आगे बढ़कर स्थूल से सूक्ष्म की ओर गया है। इसमें बाह्य से अंतर की ओर जाने का आग्रह पूर्ण सफलता से स्पष्ट है। अतएव जैनेंद्र की कहानी कला में उन्हें कथाविधान के नए-नए कौशल, नए-नए प्रयोग करने पड़े हैं, तथा इनमें उनके आश्चर्यजनक हस्तलाघव का परिचय मिलता है।

यही कारण है कि ये कथानक जहाँ शिल्पविधान के उत्कृष्ट उदाहरण

हैं वहाँ इन्हें हृदयंगम करने के लिए, पाठक को भी पूर्ण जागरूक, बौद्धिक और सशक्त रहना होगा, तभी पाठक से संवेदना का पूर्ण साधारणीकरण हो सकता है। तीसरे प्रकार के कथानक अपेक्षाकृत सूक्ष्म तत्त्वों से निर्मित हुए हैं। ये कुछ क्षणों की मनःस्थिति की आधारशिला से मनःउद्वेगों के घात-प्रतिघातों के साधनों से व्यक्त हुए हैं। केवल नाममात्र के लिए कथानक ऐसे लगते हैं कि जैसे कोई मात्र भाव ही फैलकर कहानी बन गया है और उसमें कथा चरित्र आदि इस तरह से संगुंफित हो गए हैं कि सभी तत्त्वों की अपनी स्वतंत्र सत्ता ही एक-दूसरे में खो गई है। 'क्या हो', में सब कुछ स्मृति चिंतन द्वारा ही व्यक्त किया गया है, लेकिन फिर भी कथातत्त्व सूक्ष्म स्वरूप में होता हुआ भी, इतना शक्तिशाली और वेगवान है कि इससे सम्पूर्ण कहानी जैसी कोई अग्निशिखा-सी प्रतीत होती है, जो किसी तूफान की गति में जलती-जलती सहसा टूट जाती है। चौथे प्रकार में कथानक और भी सूक्ष्मतर हो गया है इसमें एक तरह से कथातत्त्व का सर्वथा लोप हो गया है। क्योंकि ये कहानियाँ चरित्र की आन्तरिकता के रेखाचित्र हैं, और यहाँ सूक्ष्म भावों, मनोविकारों को स्थूल कथातत्त्व में समेटना असंगत क्रिया हो गई है।

उक्त चारों प्रकार के कथानक तथा उनके शिल्पविधान में मूलतः कहानी की संवेदना और मनोविज्ञान के स्तर का विभेद है। जहाँ मनोविज्ञान स्थूल संवेदना को लेकर चला है, वहाँ कथानक, उसका इतिवृत्त, उसका स्वरूप उतना ही स्पष्ट और निश्चित है। लेकिन जहाँ मनोविज्ञान केवल चरित्रों को लेकर कहानियों में प्रतिष्ठित हुआ है, वहाँ कथानक सूक्ष्म से सूक्ष्मतर होते गए हैं।

वस्तुतः इस धरातल की कहानियाँ चरित्रों की कहानियाँ हैं, इसमें कथा-तत्त्व केवल साधन स्वरूप में आए हैं, साध्य यहाँ चरित्र-विश्लेषण है। जैनेंद्र ने अपनी कहानी कला में चरित्र को क्यों इतना महत्त्व दिया, इसका कारण उनके सूक्ष्म दृष्टिकोण[1] और अध्ययन का आग्रह है।

---

1. यह बात अच्छी तरह से समझ लेनी होगी कि शरीर से प्राणों की ओर बढ़ना बनावट से स्वाभाविकता की ओर बढ़ना होगा, सजावट से रुचिरता की ओर और आडम्बर से →

यहाँ समस्त कहानियों में चरित्र-अवतारणा केवल दो दृष्टिकोणों से हुई है। जैनेंद्र ने प्रायः साधारण चरित्रों के स्थान पर विशिष्ट चरित्रों को लिया है। दूसरे प्रकार के चरित्र अपने में स्वयं व्यक्ति नहीं होते वरन् व्यक्ति के 'टाइप' अथवा प्रतिनिधि हुआ करते हैं।

जैनेंद्र के अधिकांश चरित्र प्रायः इसी वर्ग में आते हैं। इन चरित्रों की सबसे बड़ी कसौटी यह है कि ये अंतर्मुखी अधिक होते हैं। सबके सब किसी न किसी अंतर्द्वंद्व, घात-प्रतिघात से अनुप्राणित रहते हैं तथा ये कुछ ऐसी रहस्यात्मक शक्ति से प्रेरित रहते हैं कि इन्हें पूर्ण रूप से समझना कठिन कार्य है। फिर भी ये चरित्र असाधारण न होकर पूर्ण मानव होते हैं। देखने से लगता है जैसे, सामने कोई विशाल अजेय पर्वत खड़ा है, लेकिन प्रत्येक मानवीय स्थितियों में इस तरह पिघल जाते हैं, जैसे मोम के पुतले। इनके चरित्र का आकर्षण भी अपूर्व है। इनमें किसी न किसी दिशा से एक अव्यक्त करुणा की लय, व्यक्त कसक टीस का अभिशाप, अनिर्दिष्ट अभाव और सबसे बड़ी विशेषता, इनका निस्पंद, निश्चेष्ट होना है। यह सत्य इनके स्त्री-पुरुष चरित्रों पर समान रूप से चरितार्थ होता है। इसके उदाहरण में, 'एक रात' का जयराज और सुदर्शना, 'राजीव की भाभी', का राजीव, 'मास्टर जी', में घोषाल, बाबू, और श्याम कला, 'क्या हो', का बंदी, और सुषमा, 'जाह्नवी' की जाह्नवी, 'नादिरा' का नादिरा, आदि सदा अमर रहेंगे।

जैनेंद्र के प्रतिनिधि चरित्र अपने में स्वतंत्र व्यक्ति न होकर किसी वर्गगत जातिगत व्यक्तिगत व्यक्तित्व की इकाई होते हैं। जैनेंद्र ने 'एक टाइप', कहानी में अपने दृष्टिकोण को स्पष्ट भी किया है। "कुछ लोग अपने में व्यक्ति नहीं होते : वे एक टाइप के प्रतिनिधि हुआ करते हैं ...ये सब जगह सब नामों के नीचे एक ही मूल्य के द्योतक हैं। कामादिक प्राणी की हैसियत से अमुक ही उनके जीवन की नीति होती है। वस्तुओं का अमुक मूल्य और विचारों की वही एक काठ की बनावट, वे अपना

→ प्रसाद की ओर बढ़ना होगा। स्थूल वासना के नीचे धरातल पर इस प्रगतिशील जगत् का टिकना नहीं हो सकेगा, सूक्ष्म की ओर अग्रसर ही होना होगा। इसी का नाम विकास है। जैनेंद्र : 'एक रात', भूमिका, पृ. 3.

निज का व्यक्तित्व बनाने की झंझट से आरंभ ही से बचे होते हैं : और अपने विश्वास आप गढ़ने का कष्ट भी उन्हें उठाना नहीं होता[1]।" ऐसे चरित्रों की अवतारणा प्रायः साधारण ढंग की कहानियों में हुई है।

जहाँ कोई घर-परिवार संबंधी अथवा किसी व्यक्ति के संबंध में कहानी लिखनी पड़ी है, प्रायः वहाँ प्रतिनिधि चरित्रों को ही लिया गया है जैसे, 'ग्रामोफोन की रिकार्ड' की विजया, 'पत्नी' की सुनन्दा, प्रियव्रत, और 'टाइप' आदि।

व्यापक रूप से जैनेंद्र के समस्त चरित्रों में अपने-अपने ढंग से व्यक्तित्व की प्रतिष्ठा हुई है। विशिष्ट चरित्रों में यह सत्य अपने उत्कृष्ट ढंग से चरितार्थ हुआ है। वस्तुतः चरित्रों की व्यक्तित्व प्रतिष्ठा और व्यक्तित्व-विश्लेषण मुख्यतः चार साधनों से हुआ है–

(अ) आत्म विश्लेषण

(आ) मानसिक ऊहापोह

(इ) अवचेतन विज्ञप्ति

(ई) संकेतों, कार्य

जैनेंद्र की कहानियों की निर्माण-शैली अत्यन्त व्यापक और विस्तृत है। इसका सबसे बड़ा कारण यह है कि उन्होंने मनोविज्ञान और दर्शन के विभिन्न स्तरों और धरातलों से अपनी कहानियाँ लिखी हैं।

अतएव कहानियों की रूप-शैली अनेक प्रकार की हो गई है, जैसे, पत्रात्मक शैली, आत्म कथात्मक शैली, संवाद शैली, स्वगत भाषण शैली और विशुद्ध नाटक शैली, तथा इन समस्त शैलियों के तादात्म्य से ऐतिहासिक शैली। इन समस्त शैलियों में उन्हें समान रूप से आश्चर्यजनक सफलता मिली है।

उक्त शैलियों के उदाहरण में निम्नलिखित प्रतिनिधि कहानियाँ सर्वथा उल्लेखनीय हैं।

1. पत्रात्मक शैली–'परावर्तन'
2. आत्म कथात्मक शैली–'नादिरा'

---

1. एक रात–एक टाइप, पृ. 151.

3. संवाद शैली–'वीएट्रिस'
4. स्वगत भाषण शैली–'क्या हो'
5. नाटक शैली–'परदेशी'
6. वर्णनात्मक अथवा कथात्मक शैली–'मास्टर जी'

उपर्युक्त समस्त शैलियों में केवल कथात्मक शैली को छोड़कर किसी भी शैली में भूमिका और उपसंहार की योजना नहीं हुई है। फलतः कहानियों के निर्माण में अर्थात् उनके आरंभ, विकास और अंत में केंद्रैक्य तथा कलात्मक संगुंफन की सबसे अधिक प्रेरणा है। उनमें कहीं भी अस्वाभाविक विकास तथा उपकथाओं, अंतःकथाओं को नहीं जोड़ा गया है। कथात्मक शैली से निर्मित कहानियों में नाटकीय तत्त्व परम सफलता से आए हैं। इनके विकास में घटनाओं की क्रमिक अवतारणा और नाटकीय परिस्थितियों का उत्पन्न होते जाना, दूसरी ओर चरित्रों के आंतरिक पक्ष में भावों का क्रमिक उदय, मनःस्थिति का स्वाभाविक विश्लेषण और कहानी को लक्ष्य की ओर प्रेरित करते जाना। यह भाव कहानियों के विकास में अद्‌भुत गति और प्रवाह देता है। इन्हें पढ़कर ऐसा लगता है, जैसे हमारी संवेदनशीलता पर किसी ने बहुत तेजी से कोई लकीर खींच दी है, ऐसी लकीर जिसके आदि-अंत का पता नहीं चलता, और पाठक कहानी में उसे ढूँढ़ता-ढूँढ़ता थक जाता है तथा बार-बार कहानियों को पढ़ता रहता है। प्रायः हमेशा पाठक कहानी के अंत पर रोक कर एक बार पुनः उसी कहानी की समस्या का कुछ और समाधान ढूँढ़ने लगता है, क्योंकि इन कहानियों से हमें शंका, उद्वेलन और अतृप्ति मिलती है, संतोष नहीं। वस्तुतः आधुनिक कहानी-कला की सबसे बड़ी विशेषता यही है कि कहानी की पूरी समस्या वहाँ पैदा होती है जहाँ कहानी का अंत होता है।

शैली के सामान्य पक्ष में यहाँ वर्णन और चित्रण में क्रमशः चित्रात्मकता और विश्लेषण पद्धति की सबसे बड़ी विशेषता है। जहाँ व्यक्ति विश्लेषण और मूर्ति प्रतिष्ठा की चेष्टा हुई है वहाँ कहानियाँ रेखाचित्र हो गई हैं। देश-काल परिस्थिति के चित्रण में बहुधा व्यंजना का सहारा लिया गया है। क्योंकि यहाँ शैली, व्यक्ति और उसके मनोविज्ञान को केंद्र बनाकर व्यक्त हुई है। अतएव सामान्य शैली के उभय पक्ष वर्णन

और चित्रण में सूक्ष्मता और व्यंजना आई है। जैनेंद्र की भाषा-शैली इनके शिल्प विधान की प्रमुख विशेषताओं में से है। इसमें इतनी स्वाभाविकता और प्रवाह है कि कहानियाँ अपनी संवेदना के साथ पाठक के अंतस्थल को स्पष्ट करती चलती हैं। जहाँ व्यक्ति-विश्लेषण हुआ है वहाँ की भाषा गद्य शिल्पी क़ी हुई है। जहाँ मानसिक ऊहापोह दिखाया गया है वहाँ की भाषा चिंतक की भाषा हुई है; और जहाँ कहीं किसी चित्र-मूर्ति की प्रतिष्ठा करनी है, वहाँ की भाषा कवित्वपूर्ण भावुक और एक चतुर शिल्पी की भाषा है। अतएव जैनेंद्र की भाषा में भावोचित शब्द निर्माण, स्वाभाविक शब्द चयन और शब्द-विस्तार इतना है कि उन्होंने सूक्ष्म से सूक्ष्म भावों की अभिव्यक्ति में सफलता प्राप्त की है। भाषा की लक्षणा और व्यंजना शक्ति को इन्होंने इतना बल दिया है कि आधुनिक हिन्दी कहानी की भाषा सदैव कृतज्ञ रहेगी।

मनोवैज्ञानिक धरातल से लिखी कहानियों की सृष्टि में लक्ष्य और अनुभूति की समान प्रेरणा है, लेकिन फिर भी कुछ कहानियाँ तो विशुद्ध अनुभूति की प्रेरणा से लिखी गई हैं : अर्थात् वे कहानियाँ कहानीकार के अनुभूति की अभिव्यक्ति हैं। जो कहानियाँ जीवन के एक लंबे भाग अथवा जीवन के कुछ घंटों के प्रकाश में मनुष्य के संपूर्ण व्यक्तित्व के आधार पर लिखी गई हैं, वे निश्चित रूप से एक लक्ष्य को लेकर लिखी गई। हैं। उनमें अनुभूति का सहारा, उनके विकास में लिया गया है, जैसे 'मास्टर जी', कहानी एक व्यक्ति विशेष के मनोवैज्ञानिक अध्ययन के लक्ष्य से लिखी गई है और उसमें सबसे अधिक एक जीवन-दर्शन और आदर्श की प्रतिष्ठा हुई है। 'एक रात' में यह लक्ष्य और भी स्पष्ट हो गया है और इसके विकास में अनुभूति की भी इतनी गहरी प्रेरणा है कि इसके चरित्र हमारी संवेदनशीलता में सदा के लिए घर कर लेते हैं। जो कहानियाँ जीवन की द्रुत झाँकी अथवा रेखाचित्र उपस्थित करती हैं उनमें केवल अनुभूति की प्रेरणा है। 'क्या हो', 'पाजेब', 'पत्नी', 'ग्रामोफोन का रिकार्ड' आदि कहानियाँ अनुभूतिपूर्ण हैं। इनके निर्माण में मानव संवेदनशीलता मनोभावों के आरोह और अवरोह की गति मिलाई गई है। इन कहानियों की चरम सीमा पर जहाँ कहीं-कहीं आदर्शवाद का पुट दिया गया है और उस पर

जीवन-दर्शन का आलोक बिखेरा गया है, वह वस्तुतः जैनेंद्र के सांस्कृतिक व्यक्तित्व की छाया है। जो कहानियाँ व्यक्ति विश्लेषण अथवा रेखाचित्र के रूप में लिखी गई हैं, जैसे 'मित्र विद्याधर', 'एक टाइप', 'त्रिवेणी', 'जाह्नवी', 'एक कैदी', 'उर्वशी', 'प्रतिमा' आदि की भी सृष्टि की प्रेरणा में अनुभूति और भाव अध्ययन अधिक है। इनमें जीवन-दर्शन की झाँकी बार-बार कहानीकार के चिंतक और दार्शनिक व्यक्तित्व की झाँकी है जो अवचेतन रूप से इन कहानियों में उतर आई है।

जैनेंद्र मानव जीवन-दर्शन के सबसे बड़े कहानीकार हैं। मनोविज्ञान के धरातल के उन्होंने मुख्यतः व्यक्ति का जो अध्ययन दिया है वह अनुपम है। कहानी शिल्पविधि द्वारा इन्होंने जीवन के व्यापक रूप और दार्शनिक पक्ष और व्यक्ति के उन मूल नैतिक प्रश्नों को लिया है जो हमारी संस्कृति और उसके विकास के मेरुदंड हैं।

अज्ञेय

अज्ञेय विशुद्ध मनोवैज्ञानिक प्रवृत्ति के प्रतिनिधि कहानीकार हैं। उनकी कहानी-कला का मूल धरातल व्यक्ति चरित्र है। इसका सबसे बड़ा लेकिन सहज कारण यह है कि अज्ञेय की दृष्टि मूलतया कवि की दृष्टि है, समाज सुधारक की दृष्टि नहीं, जो सामाजिक अव्यवस्थाओं के इतिवृत्त उपस्थित करता चलता है। इन्होंने केवल व्यक्तिगत पहलू को मुख्य केंद्र बनाकर अपनी सब तरह की कहानियाँ लिखी हैं।

अध्ययन की दृष्टि से इन कहानियों को हम स्पष्टतः चार भागों में रख सकते हैं—

(1) सोद्देश्य सामाजिक आलोचना संबंधी

(2) राजनीतिक बंदी जीवन संबंधी

(3) चरित्र-विश्लेषण संबंधी और

(4) प्रतीकों के सहारे मानसिक संघर्षों के अध्ययन संबंधी।

इन चारों धरातल की कहानियाँ अपने दृष्टिकोण और देश-काल परिस्थिति में इतनी विस्तृत, व्यापक और गंभीर हैं कि मानववाद अपने अधिक से अधिक रूपों में इनका उपजीव्य बन गया है। इसलिए अज्ञेय की कहानी-कला में असाधारण विधान-कौशल और शिल्पविधि का परिचय मिलता है। चरित्र-विधान और शैली-निर्माण में इनकी मौलिकता और हस्तलाघवता अपूर्व है।

कहानियों के उक्त चार धरातलों के फलस्वरूप कथानक-विधान भी चार रूपों में व्यक्त हुए हैं। जो कहानियाँ सोद्देश्य सामाजिक, नैतिक

आलोचना की दृष्टि से लिखी गई हैं उनमें कथानक का रूप सुनिश्चित, स्पष्ट इतिवृत्त के साथ है जैसे, 'रोज', 'सभ्यता का एक दिन', 'परंपरा एक कहानी', 'जीवन शक्ति', 'शरणागत', 'बदला', 'लेटर बक्स', 'बसंत', और 'कविप्रिया' आदि कहानियों के कथानक इनके निर्माण में दो साधनों का समान रूप से सहारा लिया गया है। प्रथम आन्तरिक साधन, द्वितीय बाह्य साधन। आन्तरिक साधन जहाँ अपने अमूर्त्त रूप में चरित्रों के माध्यम से कथानक के निर्माण करते हैं, वहाँ बाह्य साधन अपने मूर्त्त रूप में क्रमिक घटनाओं, कार्य विधानों के माध्यम से इसे सुनिश्चित रूप देते हैं। 'शरणदाता', के कथानक निर्माण में देवेंद्रलाल के आंतरिक संघर्ष रफीकउद्दीन, शेख अताउल्ला, के संपर्क से इनके मन में सारा आरोह-अवरोह कथा विकास में स्वाभाविक गति प्रेरणा देता है। दूसरी ओर सांप्रदायिक दंगे के भय से देवेंद्रलाल का रफीकउद्दीन के घर से उसके दोस्त अताउल्ला की शरण में जाना, अताउल्ला द्वारा विष देने का प्रयास, बिलार की मृत्यु, देवेंद्रलाल का वहाँ से भागना आदि बाह्य घटनाएँ और कार्य-चक्र कथानक को सुनिश्चित रूप देते हैं। राजनीति तथा बंदी जीवन से संबंधित कहानियों में वे दोनों उपकरण और भी विस्तृत और व्यापक रूप में प्रयुक्त हुए हैं। अतएव ऐसी कहानियों में कथानक का रूप और भी विराट तथा सुदृढ़ हो गया है। विराट इस अर्थ में कि कथानक में कथा तत्त्व सापेक्ष होते हुए भी मानवता की आत्मा को अपार संवेदन निष्ठा, और विद्रोह से अपने में संगुंफित कर लेता है। 'पगोडा वृक्ष', 'छाया', 'केसेन्ड्रा का अभिशाप', और 'एक घंटे में' आदि कहानियाँ इस दिशा में परम उल्लेखनीय हैं।

इन कहानियों में राजनीति, प्रेम, घृणा और विद्रोह आदि की कहानी संवेदना बनाने के कारण कथानक-निर्माण में मुख्यतः दो तत्त्व आए हैं : अंतःकथाएँ और अंतर्नुभूतियों का तादात्म्य कथा-बिंदु से सदैव रहा है। अतएव कथानक के केंद्रैक्य में अद्भुत ढंग से गंभीरता उपस्थित हुई है। 'छाया', कहानी की मूल संवेदना एक बंदी के कारुणिक जीवन और मनोभावों पर आधारित है। इसमें निर्मित कथासूत्र केवल इतना ही है—बंदी अरुण जिस जेल में है, संयोगवश, उसी जेल में उसकी बहन सुषमा भी आती है, और सुषमा की फाँसी अरुण के सामने होती है। कथानक के इस

मूल केंद्र के किनारे इतनी अंतःकथाएँ और अंतर्नुभूतियाँ आती हैं—

(क) जेल के वार्डर और उसकी पत्नी, मेट्रन की संवेदना

(ख) अरुण के बंदी जीवन की अनुभूतियाँ, उपकथाएँ,

(ग) सुषमा के राजनीतिक जीवन चरित्र की अंतःकथा और उसकी फाँसी।

लेकिन इन समस्त अंतर्नुभूतियों और उपकथाओं से मूल कथा का इतना कलात्मक तादात्म्य उपस्थित हुआ है कि समूची कहानी की कथा-वस्तु जैसे कोई सीधी छोटी रेखा हो, जिस पर कहानी के समस्त पात्र समस्त वर्णन-चित्रण घनीभूत हो गए हैं। 'केसेन्ड्रा का अभिशाप' में यह विधान और भी सफलता से चरितार्थ हुआ है।

जो कहानियाँ चरित्र-विश्लेषण के धरातल से लिखी गई हैं, उनमें कथानक-निर्माण दो तरह से हुए हैं। अर्थात् अगर चरित्र संश्लिष्ट हैं, उनकी मनःस्थिति में गूढ़ ग्रंथियाँ हैं : ऐसे चरित्रों के लिए उन कहानियों की रचना हुई है, जिनके विधान में उस व्यक्ति से संबंधित अनेक अंतः-प्रेरणाओं के विवरण दिए गए हैं।

'पुरुष का भाग्य', में एक ऐसे स्त्री चरित्र का विश्लेषण किया गया है, जो केवल इस नगण्य संयोग से कँप कर गिरने लगी थी, कि उसका पैर एक बच्चे के गीले पैर की छाप पर पड़ गया था। ऐसे गूढ़ और संश्लिष्ट चरित्र के मनोविश्लेषण से उसकी अनेक कर्म प्रेरणाओं की अवतारणा हुई है। वह स्त्री कभी जेल के कठिन कारावास में थी, उसका पति फाँसी पर लटका दिया गया था, और वह स्वयं स्कूल में अध्यापन कार्य करती हुई बंदी बना ली गई थी और उसे सात वर्ष की कड़ी सजा मिली थी। इस बीच में वह स्त्री से माँ बन गई। लेकिन वह पुरुष शिशु उसकी गोद से खींचकर न जाने कहाँ विलुप्त कर दिया गया। वह स्त्री जेल से कभी बाहर आई होगी और उसके चेतन-अवचेतन मन में सतत उस शिशु पुरुष की अनंत खोज, उसके भाग्य की दुश्चिंताएँ, सर्वदा चुभती रही होंगी। जो चरित्र अपेक्षाकृत साधारण मनोग्रन्थियों और मनोरहस्यों के हैं, उनके मनोविश्लेषण के लिए एक सीधा-सादा, एक सूत्रात्मक कथानक लिया गया है, और उसके आधार पर चरित्र की मनःस्थिति, स्वभाव से संबंधित घटनाओं की अवतारणा हुई है। 'हीली वोन् की बत्तखें'

इस विधान की प्रतिनिधि कहानी है।

प्रतीकों के सहारे मानसिक संघर्षों के चित्र की कहानियों में भी कथानक विधान दो ढंगों से हुआ है। प्रथम, व्यक्ति के आत्मचिंतन तथा उससे संबंधित भूत, वर्तमान और भविष्य की अनेक स्फुट संवेदनाओं, के तादात्म्य से। द्वितीय चिंतन और छोटी-छोटी घटनाओं के मेल से, 'पठार का धीरज', 'सिगनेलर', और 'नंबर दस'। पहले ढंग की कथा विधान की प्रतिनिधि कहानियाँ हैं, तथा 'साँप', 'कोठरी की बात' और 'पुलिस की सीटी' दूसरे ढंग के कथा विधान की।

वस्तुतः अज्ञेय की कहानियों में शिल्पविधि की इतनी विभिन्नता तथा इसमें इतने प्रयोग हैं, कि इनमें कथा निर्माण के प्रकार, कथा शिल्प के विधानों को एक-एक करके ढूँढ़ना पूर्ण मनोरंजक अध्ययन है। कथा विधान की इतनी पटुता, इतना हस्तलाघव, हिन्दी के अन्य किसी कहानीकार में संभवतः नहीं है। लेकिन कहानी के भाव पक्ष की दिशा में कथा विधान की इतनी जटिलता, इतने प्रयोग, बहुत श्रेयस्कर नहीं। इससे कहीं-कहीं कहानी की आत्मा में अस्पष्टता आ गई है।

अज्ञेय की कहानी कला की आत्मा व्यक्ति चरित्र के केंद्र-बिंदु से निर्मित हुई है अर्थात् चरित्र-अवतारणा, चरित्र-विश्लेषण, चरित्र-मनोविज्ञान इनकी वे आधारशिलाएँ हैं, जिन पर कहानीकार अज्ञेय के व्यक्तित्व की प्रतिष्ठा हुई है। उन्होंने अपनी कहानियों में जितने भी सामाजिक, नैतिक, राजनीतिक, आर्थिक और साम्प्रदायिक समस्याओं, प्रश्नों को उठाया है, उन सबका अध्ययन उन्होंने व्यक्तिगत पहलुओं से किया है। अज्ञेय का यह व्यक्तिगत पहलू चाहे कवि के दृष्टिकोण से अनुशासित हो, चाहे एक दार्शनिक दृष्टिकोण से, लेकिन यह तो निश्चित है कि वे सर्वत्र अपने व्यक्ति के चरित्र के अध्ययन में एक सफल मनोवैज्ञानिक रहे हैं, जिस पर उनके आदर्शवाद तथा मानववाद का गहरा और प्रत्यक्ष प्रभाव है।

व्यापक दृष्टि से चरित्र अवतारणा विशुद्ध मनोवैज्ञानिक धरातल से हुई है और इनके निर्माण में प्रायः तीन प्रकार की प्रेरणाएँ कार्य करती हैं।

(क) अहं रूप

(ख) विद्रोहात्मक

(ग) विश्लेषणात्मक रूप

वस्तुतः यही तीनों प्रेरणाएँ चरित्र-निर्माण, चरित्र-विश्लेषण तथा व्यक्तित्व प्रतिष्ठापना में समान रूप से कार्य करती हैं अर्थात् एक तरह से अज्ञेय का प्रत्येक चरित्र व्यक्तिवादी है। उसमें किसी न किसी पक्ष से विद्रोहात्मक प्रेरणा कार्य कर रही है और चरित्रों का विकास उनके अहं रूप ही के माध्यम से किया गया है। लेकिन फिर भी चरित्रों की सम्पूर्ण आधारशिला मनोवैज्ञानिक विश्लेषण ही है।

व्यक्ति चरित्र क़ो ही कहानी-कला का मूलाधार बनाने के कारण अज्ञेय के चरित्र मुख्यतः व्यक्तिवादी हो गए हैं। यह व्यक्तिवादिता कई रूपों में उनके चरित्रों में व्यक्त है। प्रायः चरित्र सामान्य न होकर विशिष्ट हो गए हैं। पात्रों में बाह्य विभिन्नता होते हुए भी प्रायः सभी चरित्र अन्तर्मुखी हैं। इसका सबसे बड़ा कारण यह है कि अज्ञेय के चरित्रों का विकास उनके अहं रूप 'मैं' में ही दिखाया गया है अर्थात् अज्ञेय का 'मैं' उनके चरित्रों का प्रतिनिधि रूप है, और समूची कहानी की शिल्प-विधि का सूत्रधार प्रायः यही 'मैं' ही है। इसी के चिंतन, मनन, और स्मृतियों से एक ओर 'मैं' का विकास व्यक्त होता है, दूसरी ओर चरित्र भी इसी के प्रकाश में विकसित होते हैं।

इस तरह अज्ञेय के चरित्र का यह अहं रूप कहीं संकीर्ण अथवा उथला नहीं है। यह इतना उदात्त और समुन्नत है कि वह अपने में सर्वदा मानववाद को समेटकर चलता है। इनकी कहानियों में इनका व्यक्तिवाद ही मानववाद का प्रतीक है। इसलिए जो आलोचक अज्ञेय के चरित्रों पर यह दोषारोपण करते हैं कि अज्ञेय अपने से बाहर कुछ नहीं देखते, वे सर्वथा अवैज्ञानिक हैं। वस्तुतः चरित्र का यह रूप मुख्यतः तीन तरह से उनकी कला में व्यक्त हुआ है। प्रथम चिंतक के रूप में जैसे, 'छाया' का वार्डर, जो अपने अहं रूप से कहानी को आरम्भ करता है। अरुण और सुषमा के अलग-अलग अहं रूप इस कहानी की आत्माएँ हैं। 'कोठरी की बात'[1] में, कोठरी के प्रतीक से अलग-अलग सुशील और दिनमणि

---

1. कोठरी की बात, द्रोही, पृ. 31.

के चरित्र उनके अहं रूप से व्यक्त हुए हैं। द्वितीय रूप में चरित्र का यह अहं रूप स्वतः नायक के रूप में अभिव्यक्त होता है। 'साँप' का 'मैं' इसका सुंदर उदाहरण है। इस 'मैं' का स्वरूप इतना शक्तिशाली और सुदृढ़ है कि उसकी सीमा में कहानी का सब कुछ आ गया है, वह, जंगल, और साँप, सब। तृतीय रूप में यह अहं भाव पहले अन्यपुरुष में आता है, वर्णित होता है, इसका परिचय दिया जाता है, लेकिन फिर वह अन्य पुरुष अपने अहं रूप में इतना व्यापक हो जाता है कि उसके माध्यम से अन्यान्य चरित्रों का आविर्भाव होता चलता है। 'द्रोही' इसका उदाहरण है। इसमें द्रोही चरित्र का आविर्भाव और विकास यों होता है।

1. अन्य पुरुष में–"वह बुद्धिमान था या मूर्ख, दबैल या हठी, साहसी था या कायर, हम नहीं कह सकते। हम केवल इतना ही कह सकते हैं कि वह द्रोही था, सिर से पैर तक द्रोही।"

2. अहं रूप में–आँखें बंद करके सोचता हूँ भविष्य के क्रोड़ में क्या है, जो मुझसे छिपा हुआ है ? बहुत सोचता हूँ, पर एक प्रशस्त अंधकार के अतिरिक्त कुछ नहीं दीखता।[1]

3. व्यापक रूप में–अर्थात् जब इसके माध्यम से अन्य चरित्रों की अवतारणा होती है।

एक स्मृति आती है एक व्यक्ति कठघरे में खड़ा है।

कमला : कमला : तुम्हें कैसे पाऊँगा।

मैंने पूछा विमल : तुम तो बहुत कष्ट में हो।

वह बोला, आपका परिचय क्या है ? मैं तो आपको जानता ही नहीं।

देखो रघुनाथ व्यर्थ की चिंता में क्यों पड़े हो ? ऐसे करने लगोगे तो पागल हो जाओगे। मन तुम्हारा सच्चा मित्र है, उसकी प्रेरणा का तिरस्कार मत करो।

अज्ञेय के चरित्र-निर्माण और विधान में इस अहं रूप की सबसे बड़ी प्रेरणा है। इसका प्रयोग उन्होंने सब रूपों और प्रकारों में किया है और इसी की सहायता से उन्हें अपने अनेक शिल्पगत प्रयोगों में आश्चर्यजनक

---

1. कोठरी की बात, द्रोही, पृ. 40.

सफलता मिली है।

विद्रोह के धरातल से आविर्भूत चरित्र, सामाजिक, राजनीतिक, तथा व्यक्तिगत प्रश्नों और मूल्यों को लेकर आए हैं। कुछ कहानियाँ ऐसे भी चरित्रों को लेकर लिखी गई हैं जिनमें विद्रोह केवल एक पहलू को लेकर व्यक्त हुआ है, जैसे, 'रोज' की मालती, 'दुख और तितलियाँ' का शेखर, 'सूक्ति और भाषा' की जसुमती, 'परंपरा—एक कहानी' का दरबान और 'सभ्यता का एक दिन' का नरेन्द्र आदि सामाजिक विद्रोह की भावना के चरित्र हैं। राजनीतिक विद्रोह की प्रेरणा में आने वाले अज्ञेय के चरित्र सबसे अधिक हैं और ये चरित्र अज्ञेय के महान् चरित्र हैं, जैसे, 'पगोडा वृक्ष' की सुखदा और युवक, 'छाया' का अरुण और सुषमा, 'कोठरी की बात' के सुशील और दिनमणि और 'एक घण्टे' का प्रभाकर और रजनी आदि। व्यक्तिगत प्रश्नों और मूल्यों में विद्रोह की गति लिये हुए-से चरित्र आते हैं जो अपनी अनन्य करुणा और शोषण को अपने में छिपाए उस भावी विद्रोह के प्रतीक से लगते हैं, जिनकी विद्रोहात्मक आवाज भविष्य में सबसे ऊँची उठेगी। इसके उदाहरण में 'एकाकी तारा' का लूनी, 'हर सिंगार' का गोविंद, 'शांति हँसी थी' का जानकीदास और शांति, 'जीवन-शक्ति' की मातरा, और दामू आदि उत्कृष्ट चरित्र हैं।

वस्तुतः अज्ञेय की परम सफल कहानियाँ वे हैं, जिनमें ऐसे कुछ चरित्रों की अवतारणा हुई है, जो सामूहिक रूप से राजनीतिक, सामाजिक और व्यक्तिगत मूल्यों और समस्याओं के प्रति विद्रोही हैं, जैसे 'शत्रु' का ज्ञान, 'नंबर दस' का रतन, 'द्रोही' का मैं और कमला, 'केसेन्ड्रा का अभिशाप' की कर्मेन और मेरिया, ये सब चरित्र वस्तुतः विद्रोह के प्रतीक हैं। इनके व्यक्तित्व के निर्माण की करुणा, शोषण और मूक बलिदान के तत्त्वों को लेकर हुआ है। उक्त तथ्य स्त्री-पुरुष दोनों चरित्रों में समान रूप से स्पष्ट हैं, दोनों शोषित हैं और विद्रोही भी। दोनों कर्म प्रधान हैं। जीवन को सर्वदा हथेलियों पर लिये हुए मिलते हैं। ये सदैव कठिनाइयों से आकृष्ट होते हैं, सरलता से नहीं। इनका विद्रोही चरित्र अपनी प्रकृति की साक्षी देता है—"मैं यदि विद्रोही हूँ तो इसलिए कि मेरी प्रकृति यह

माँगती है। मेरी जीवन-शक्ति को वही निष्पत्ति।"[1]

विश्लेषण का आग्रह अज्ञेय के चरित्रों में सबसे अधिक है। इसी धरातल से समस्त चरित्रों के स्वतंत्र व्यक्तित्व की प्रतिष्ठा है। इनकी कर्म प्रेरणाओं, मनःस्थितियों, स्वभावों का सूक्ष्म आकलन और विश्लेषण हुआ है। यह विश्लेषण कई भूमिकाओं से हुआ है; यथा, मनोविश्लेषण, आत्मविश्लेषण तथा संकेतों और सूक्ष्म हाव-भावों के सहारे मनुष्य की कर्म प्रेरणाओं और मनःस्थितियों का अध्ययन।

कहानी-निर्माण में शैली की विविधता और इसमें विभिन्न प्रयोग तथा प्रकार, अज्ञेय की शिल्पविधि की अन्य सबसे बड़ी विशेषता है। इनमें शैलीगत इतनी विविधता क्यों आई, इसका एकमात्र कारण यह है कि अलग-अलग चरित्रों, व्यक्तियों को अध्ययन के लिए उन्हें उनके अनुरूप कहानी-निर्माण की शैलियाँ ढूँढनी पड़ीं जिन्हें हम छह भागों में रख सकते हैं।

1. कथात्मक शैली
2. आत्मकथात्मक शैली
3. नाटकीय शैली
4. पत्रात्मक शैली
5. प्रतीकात्मक शैली
6. मिश्रित शैली

उक्त समस्त शैलियों में विश्लेषणात्मक प्रवृत्ति अज्ञेय की कला की प्रमुख विशेषता है। वस्तुतः इसके पीछे व्यक्ति के चरित्र-विश्लेषण की प्रेरणा सबसे अधिक रूप में कार्य कर रही है।

कथात्मक शैली की प्रतिनिधि कहानियों में 'केसेन्ड्रा का अभिशाप', 'आदम की डायरी', 'पगोडा वृक्ष', 'शरणदाता', 'हीली वोन् की बत्तखें', आदि कहानियाँ मुख्य हैं। लेकिन यहाँ अज्ञेय ने कथात्मक शैली में भी कुछ नए प्रयोग किए हैं। अन्य पुरुष में वर्णनात्मकता प्रायः विश्लेषण के आधार से अभिव्यक्त हुई है। अन्य पुरुष में उत्तम पुरुष की स्थापना और अन्य पुरुष में स्मृतियों, चिन्तनों द्वारा कहानी में विकास के विधान प्रस्तुत

---

1. कोठरी की बात, पृ. 132.

हुए हैं। जैसे, 'इंदु की बेटी', 'वे दूसरे', 'जय दोल', और 'पठार का धीरज'। वस्तुतः कथात्मक शैली में अज्ञेय का यह तीसरा प्रयोग अपूर्व है। इसकी सफलता ने कथात्मक शैली में आश्चर्यजनक शक्ति और विकास दिया है।

आत्मकथात्मक शैली अज्ञेय की सर्वप्रिय शैली है क्योंकि इसके माध्यम से अर्थात् 'मैं' के सहारे चरित्र-विश्लेषण में अनन्य सुविधा प्राप्त होती है। 'अमर वल्लरी', 'विपथगा', 'लेटर बक्स', 'रमन्ते तत्र देवता', 'साँप', 'मेजर चौधरी की वापसी' आदि कहानियाँ इस शैली की उत्कृष्ट कहानियाँ हैं। कहानी का निर्माण जहाँ 'मैं' के माध्यम वे अबाध गति से होता है वहाँ मैं से सम्बन्धित अनेक अनुभूतियों, स्मृतियों से भी सम्बन्धित अनेक चित्रों के विश्लेषण प्रस्तुत होते चलते हैं। इस शैली के अन्तर्गत संपूर्ण कहानी का विकास घटनाओं और द्वंद्वों के सहारे होता है। यही कारण है कि इस शैली में स्वगत भाषण के तत्त्व बहुत आए हैं—विशेषकर उन स्थानों पर जहाँ चरित्र के मानसिक द्वंद्व और ऊहापोह की अभिव्यक्ति अधिक हुई है।

'जयदोल' में 'कविप्रिया', और 'बसंत' दो कहानियाँ, इस शैली के अंतर्गत उल्लेखनीय हैं। इनमें 'कविप्रिया' तो विशुद्ध एकांकी नाटक शिल्पविधि में लिखी गई है अतः इसे कहानी कहना ही अवैज्ञानिक है। 'बसंत' में एक नए शिल्पगत प्रयोग के दर्शन होते हैं। यहाँ शैली एकांकी नाटक और कहानी के बीच से चलती है। इसमें दोनों के तत्त्वों का सुंदरतम तादात्म्य हुआ है और उससे एक नई कला-वस्तु की अवतारणा हुई है।

केवल 'सिगनेलर' इस शैली की प्रतिनिधि कहानी है। इस शैली में भी कुछ विशेषता है। पत्र केवल 'मैं' ने अपने मित्र विमल को लिखा है और 'मैं' क्रमशः पाँच पत्रों के समन्वय से 'सिगनेलर', कहानी की अभिव्यक्ति हुई है। इसके विकास में कहानीकार ने किसी और अन्य के एक भी पत्र का सहारा नहीं लिया है। अंतिम दो पत्र डायरी के पृष्ठों के रूप में हैं क्योंकि उस स्थल पर कहानी अपने चरमोत्कर्ष पर पहुँचती है तथा कहानी अपनी चरम परिणति पर पहुँचती है। कहानी में अबाध गति उत्पन्न करने के लिए कहानीकार ने एक ही पत्र को दो-तीन भागों और तिथियों में बाँटकर लिखा है।

प्रतीकात्मक शैली अज्ञेय की कहानी कला का एक ललित पक्ष है। जहाँ भी इन्हें मानसिक संघर्षों के अन्तस्तल में जाकर उसका अध्ययन प्रस्तुत करना पड़ा है वहाँ इन्होंने प्रायः इसी शैली को अपना साधन बनाया है। अतएव इस शैली से निर्मित इनकी कुछ कहानियाँ जैसे 'चिड़िया घर', 'पुरुष का भाग्य', 'कोठरी की बात', 'पठार का धीरज', और 'साँप' आदि शैली की दृष्टि से उत्कृष्ट कहानियाँ हैं। कहानी के भावपक्ष से पूर्ण स्वाभाविकता और वैज्ञानिकता स्थापित करने के प्रयास में यहाँ प्रतीकों में पूर्ण विविधता और आकर्षण उपस्थित हुआ है। 'चिड़िया घर' के प्रतीक विभिन्न प्रकार के जीव-जंतु हैं। 'पुरुष के भाग्य' में धूल पर दो गीले पैरों की छाप, अनन्य सुंदर प्रतीक हैं। इसी तरह 'कोठरी की बात', 'पठार का धीरज' और 'साँप' में क्रमशः कोठरी, पठार और साँप, इसके कलात्मक प्रतीक हैं। इन सब प्रतीकों और कहानी के विभिन्न मानसिक संघर्षों का पूर्ण सफलता से तादात्म्य उपस्थित हुआ है।

शिल्पविधि की दृष्टि से जो कहानियाँ उच्चकोटि की हैं वे इस शैली में निर्मित हुई हैं; अर्थात् उनके विकास और अंत में ऐतिहासिक आत्मकथात्मक, संवादात्मक, पत्रात्मक और प्रतीकात्मक आदि सभी शैलियों का इन्होंने सामूहिक सहारा लिया है और इस मिश्रित शैली से कहानी में उच्चकोटि का चरित्रविश्लेषण, कर्म-प्रेरणाओं की पूर्ण व्याख्या तथा शिल्पविधान में आश्चर्यजनक हस्तलाघवता का परिचय दिया है, 'छाया', 'द्रोही', और 'नंबर दस' इस शैली की प्रतिनिधि कहानियाँ हैं। 'छाया' में वार्डन द्वारा आत्मकथन, वर्णन, अरुण और वार्डन द्वारा संवाद, सुषमा और अशोक द्वारा पत्र-व्यवहार, वार्डन और अशोक के अलग-अलग आत्मचिंतन, विभिन्न प्रतीकों द्वारा अशोक और सुषमा के मानसिक संघर्षों के चित्र आदि सब शैलीगत उपादानों से इस कहानी का निर्माण हुआ है। ठीक यही शैलीगत स्थिति 'द्रोही' और 'नंबर दस' की भी है।

विशुद्ध रचना शैली की दृष्टि से अज्ञेय की कहानियों में रचना-विधान विश्लेषण, कथोपकथन और घटना-प्रवाह के सहारे से होता है। व्यापक दृष्टि से इनकी कहानियों के रचना-विधान में निम्नलिखित विकास-क्रम मिलते हैं।

1. आरंभ : पात्र-परिचय और समस्या का संकेत

2. विकास :

अ. प्रथम मुख्य घटना : जिसमें केंद्रीय भाव की सूचना होती है।

ब. द्वितीय मुख्य घटना : कौतूहल या विस्मय के तत्त्व जिसके सहारे स्पष्टता आती है।

स. तृतीय मुख्य घटना : जिससे कहानी चरम उत्कर्ष पर पहुँचती है और कहानी अपने भाव-पक्ष में पूर्णतः स्पष्ट हो जाती है।

3. निष्पत्ति या चरम सीमा : संपूर्ण तथा एकांत प्रभाव चरितार्थ हो जाता है।

शैली के सामान्य पक्ष अर्थात् चित्रण, वर्णन, कथोपकथन, भाषा सौष्ठव और शब्द-संयम आदि में अज्ञेय का हस्तलाघव और लेखन शिल्प दोनों अपनी पूर्ण सफलता पर हैं। चित्रण और वर्णन दोनों विश्लेषण के धरातल से चरितार्थ हुए हैं। कथोपकथन प्रायः छोटे सुगठित और व्यंजनात्मक हुए हैं। अज्ञेय की गद्य-शैली में सर्वत्र आश्चर्यजनक संयम, गंभीरता, चयन, और परिष्कार (Finish) मिलता है यही कारण है कि इनकी भाषा अमूर्त्त से अमूर्त्त मनोद्गारों, घात-प्रतिघातों और मानसिक द्वंद्वों की अभिव्यक्ति में सदैव सफल रही है।

अज्ञेय की कहानियों के निर्माण में लक्ष्य और अनुभूति की प्रेरणा समान रूप से है। लेकिन अनुभूति की प्रेरणा जहाँ इनकी कहानियों में प्रत्यक्ष और अपूर्व वेग से व्यंजित होती है वहाँ लक्ष्य अपने अप्रत्यक्ष रूप में ध्वनित होता है। जो कहानियाँ राजनीति, विद्रोह बंदी जीवन, तथा अज्ञेय के विस्तृत देशाटन और युद्धकालीन अनुभवों के धरातल से निर्मित हुई हैं वे मूलतः अनुभूति के ही धरातल से लिखी गई हैं। कहानी के निर्माण में अनुभूति की प्रेरणा को अज्ञेय ने सबसे ऊँचा स्थान दिया है।[1] जो कहानियाँ सामाजिक तथा नैतिक जीवन के वैषम्य, समस्याओं और

---

1. मेरा आग्रह रहा है कि लेखक अपनी अनुभूति ही लिखे, जो अनुभूति नहीं है कोई सैद्धान्तिक प्रेरणा के वशीभूत होकर उसे लिखना ऋण-शोध हो सकता है, साहित्यिक सिद्धि नहीं—अज्ञेय, शरणार्थी : भूमिका, पृ. 2.

संघर्षों के धरातल से लिखी गई हैं उनमें एक निश्चित लक्ष्य की प्रेरणा ध्वनित होती है। अर्थात् ऐसी कहानियों में लक्ष्य की भावना प्रायः कटु व्यंग, चुनौती, ग्लानि और तिरष्कृत अनुभवों के माध्यम से व्यंजित की गई है। दृष्टांतों के रूप में नहीं कि सत्यं वद, आदर्श बन, चरित्रनिष्ठ बनकर कहानियाँ अपने अधिकांश रूप में अनुभूति के ही धरातल से लिखी गई हैं। यही कारण है कि इन कहानियों में एकांत प्रभाव डालने की क्षमता अपूर्व है।

संक्रांति युग में कहानीकार अज्ञेय का मूल्य सर्वाधिक है। इनमें रचना-कौशल की प्रतिभा, नए-नए प्रयोगों का सफल आग्रह इतना है कि इनकी शिल्पविधि में आश्चर्यजनक विविधता आ गई है। लेकिन कलाशिल्पी अज्ञेय की उत्कृष्टता शिल्पविधि की ओर है, इसकी अपेक्षा इनका भाव-पक्ष कुछ निर्बल पड़ता है। इसमें न तो शिल्पविधान की-सी विविधता है न कथा सौष्ठव की भाँति भावगत मौलिकता। लेकिन इसके स्थान पर अज्ञेय ने अपनी कहानी कला में देश-काल और परिस्थिति का चित्रण इतने व्यापक और विस्तृत ढंग से किया है कि उनका स्थान सर्वोपरि सिद्ध होता है।

इलाचंद्र जोशी

मनोवैज्ञानिक प्रवृत्ति के दूसरे प्रतिनिधि कहानीकार इलाचंद्र जोशी प्रथम कहानीकार हैं जिन्होंने इस प्रवृत्ति को लेकर कहानी लिखना प्रारम्भ किया था। इनकी सर्वप्रथम कहानी 'सजनवा'[1], उसका प्रमाण है। इनकी कहानी का मुख्य धरातल मनोविज्ञान है और इसके दो प्रमुख पक्ष हैं। मध्य वर्ग अथवा ह्रासोन्मुख जीवन की विश्लेषणात्मक आलोचना। दूसरी ओर व्यक्ति के अहंभाव की एकांतिकता पर निर्भय प्रहार। यही दो पक्ष इनकी कहानी कला के मूलाधार हैं। अज्ञेय और जोशी के मनोवैज्ञानिक धरातलों में अंतर और विरोध स्पष्ट हैं। अज्ञेय जहाँ सर्वगामी अहं रूप के माध्यम से विश्लेषण उपस्थित करते हैं वहाँ जोशी अहं रूप ही पर प्रहार करते हैं। क्योंकि जोशी की धारणा है कि 'आधुनिक समाज में पुरुष की बौद्धिकता ज्यों-ज्यों बढ़ती चली जा रही है त्यों-त्यों उसका अहं भाव तीव्र से तीव्रतर और व्यापक से व्यापकतर रूप ग्रहण करता चलता है। अपने तृप्त न होने वाले अहं भाव की अस्वाभाविक पूर्ति की चेष्टा में जब उसे पग-पग पर स्वाभाविक सफलता मिलती है तो वह बौखला उठता है और उस बौखलाहट की प्रतिक्रिया के फलस्वरूप वह आत्मविनाश के पहले अपने आस-पास के संसार के विनाश की योजना में जुट जाता है'।[2] इस तरह जहाँ अज्ञेय की मनोवृत्ति अंतर्मुखी है, वहाँ जोशी के दृष्टिकोण में अपेक्षाकृत अंतर्जगत् और

---

1. हिन्दी गल्प माला, भाग 2, अंक 8, मार्च 1920, पृ. 359.
2. इलाचंद्र जोशी, विवेचना, पृ. 124.

बहिर्जगत् का सुंदर सामंजस्य है। इसी प्रकाश में जोशी की कहानी में शिल्पविधि का निर्माण हुआ है।

जो कहानियाँ मध्य वर्ग और ह्रासोन्मुख जीवन की विश्लेषणात्मक आलोचना के धरातल से लिखी गई हैं, जैसे, 'चरणों की दासी', 'होली', 'अनाश्रित', 'रक्षित धन का अभिशाप', 'रोगी', 'परित्यक्ता', 'जारज', 'एकाकी', 'दुष्कर्मी', और 'पतिव्रता या पिशाची' आदि कहानियों में कथानक का रूप इतिवृत्तात्मक है। इन कहानियों में कथानक का आरंभ मध्य और अंत पूर्ण स्पष्ट और सुनिश्चित हैं। इनके निर्माण प्रायः दो ढंगों से हुए हैं। मुख्य चरित्र को लेकर उसके जीवन परिचय जीवन संबंधी विभिन्न घटनाओं और वर्णनों के साथ कथानक-निर्माण, जैसे, 'चरणों की दासी', 'होली' , 'अनाश्रित', आदि के कथानक। ऐसे कथानक प्रायः व्यक्ति को ही लेकर निर्मित हुए हैं। इसका कारण है व्यक्ति चरित्र-विश्लेषण की प्रवृत्ति और उसके जीवन के किंचित घटना-चक्रों और कार्य व्यापारों के माध्यम से एक ओर व्यक्ति-जीवन और उसकी सामाजिकता पर व्यंग, दूसरी ओर व्यक्ति चरित्र-विश्लेषण। दूसरे प्रकार के कथानक निर्माण में कोई चरित्र अन्य व्यक्ति संबंधी उसके जीवन संबंधी कहानी को निरपेक्ष ढंग से वर्णन अथवा कथन प्रस्तुत करता है, जैसे, 'एकाकी', 'पतिव्रता या पिचाशी', 'कापालिक', और 'दुष्कर्मी' आदि कहानियाँ। इनमें कथात्मकता और वर्णनात्मकता ही मुख्य रूप से कथानक-निर्माण के दो तत्त्व हैं। वस्तुतः ऐसे कथानक साधारण हैं। दूसरी ओर जो कहानियाँ व्यक्ति के अहं विश्लेषण, अहं की एकांतिकता पर निर्भय प्रहार के लिए लिखी गई हैं, जैसे, 'मैं', 'मिस एल्किन्स', 'रात्रिचर', 'पागल की सफाई', 'मेरी डायरी के दो नीरस पृष्ठ' आदि में कथानक का रूप अपेक्षाकृत अधिक कलात्मक है। इनमें भी जो कहानियाँ विशुद्ध रूप से अहं की एकांतिकता पर प्रहार के लिए लिखी गई हैं, जैसे, 'मैं', और 'मेरी डायरी के दो नीरस पृष्ठ' इनमें कथानक का निर्माण केवल भावों, मनोवेगों के विश्लेषण के माध्यम से हुआ है। 'मैं', के कथानक में न तो कोई घटना-चक्र है न कार्य-व्यापार, बस केवल आत्म-विश्लेषण के आधार पर कहानी निर्मित हुई है। शेष जो कहानियाँ व्यक्ति के अहं के विश्लेषण के निमित्त लिखी गई हैं, जैसे 'मिस

एल्किन्स', 'पागल की सफाई', 'रात्रिचर' आदि, इनमें कथानक एक सूत्रात्मक ढंग से विभिन्न घटना-चक्रों, कार्य-व्यापारों, से निर्मित हुआ है।

जोशी की कहानियों में कथा-विधान स्पष्ट और कथा-तत्त्व को लेकर निर्मित हुआ है। इनमें कहीं भी प्रयोग का आग्रह नहीं है।

जोशी के समस्त चरित्र तीन वर्गों में बाँटे जा सकते हैं। पहले वर्ग में वे चरित्र आते हैं जो पूर्णतः असाधारण और विशिष्ट हैं, जैसे, 'कापालिक', 'रात्रिचर', 'प्रेतात्मा', 'शराबी', और 'एकाकी' दूसरे वर्ग के चरित्र वे हैं जो सर्व साधारण, स्वाभाविक और प्रायः मध्य वर्ग के प्रतीक हैं, जैसे 'रोगी', 'परित्यक्ता', 'दीवाली और होली' की बिंदी, मोहन और रज्जन, 'चरणों की दासी', की कामना, 'रेल की रात', का महेंद्र और 'अनाश्रित के द्वार' की तारा आदि। चरित्र का तीसरा वर्ग सर्वग्राही व्यक्ति के प्रतिनिधि रूप में है। यह तीसरा वर्ग अर्थात् 'मैं', जोशी के चरित्र-विधान में सबसे बलिष्ठ, सुदृढ़ और सर्वग्राही है। इसके विकास, मनोविश्लेषण और इसकी एकांतिकता के प्रहार में जोशी जी पूर्ण सफल और वैज्ञानिक सिद्ध हुए हैं।

विशिष्ट और असाधारण चरित्रों की अवतारणा में विश्लेषण की अपेक्षा कौतूहल, जिज्ञासा की प्रवृत्ति अधिक है। लेकिन इनमें भी जो दो एक चरित्र एक निश्चित मनोवैज्ञानिक प्रेरणा से अवतरित हुए हैं, जैसे, स्त्री, कुँवर साहब; इनमें विश्लेषण के तत्त्व पूर्ण सफलता से स्पष्ट हो आए हैं। चरित्र के वास्तविक रूप में जोशी के दूसरे प्रकार के चरित्र सबसे अधिक आकर्षक और व्यक्तित्व प्रधान हैं। यह हमारे मध्यम वर्ग के जीवन तथा हम लोगों के प्रतीक हैं। इनमें एक ओर चरित्रगत स्वाभाविक निर्बलता और त्रुटियाँ हैं। दूसरी ओर इनमें अपने सद्गुणों, आदर्श संस्कारों के प्रति आस्था और निष्ठा है। ऐसे चरित्रों का पूर्ण चरित्र-चित्रण और व्यक्तित्व-प्रतिष्ठा जोशी ने अपनी कहानियों में की है। वस्तुतः ये चरित्र पूर्ण रूप से यथार्थवादी धरातल से अवतरित हुए हैं।

चरित्र का तीसरा प्रकार अर्थात् 'मैं', जोशी जी के चरित्र-विधान का प्रमुख अंग है। बल्कि यहाँ तक कहा जा सकता है कि उनकी कहानियों का सर्वसुलभ प्रतिनिधि नायक 'मैं' ही है। लेकिन यहाँ उल्लेखनीय यह है कि 'मैं' के अस्तित्व और इसकी एकांतिकता को जोशी जी ने कभी

प्रश्रय नहीं दिया है। इसका मनोविश्लेषण परम निर्मम ढंग से किया है। इन्होंने चेतन और अवचेतन जगत् की अनेक गुत्थियों और कुंठाओं का उद्‌घाटन मानस के सूक्ष्म प्रेरक सूत्रों के माध्यम से किया है।

रचना-कौशल की दृष्टि से जोशी की कहानियों में सबसे कम विविधता है। इन्होंने कहानी की विभिन्न शैलियों में लिखने, विभिन्न प्रयोगों और शिल्प-विधानों में बाँधने का जैसे प्रयत्न ही नहीं किया है। सबके पीछे सर्वत्र एक सहज गति है। इनकी कसौटी के अनुसार कहानी में भाव तत्त्व और चरित्र-विश्लेषण ही कहानी की आत्मा है। वस्तुतः इसी धारणा के फलस्वरूप जोशी जी में रचनागत अथवा शैलीगत विभिन्नता बहुत कम है। मुख्यतः दो ही रचना-शैलियों में इनकी कहानियाँ निर्मित हुई हैं।

जितनी भी कहानियाँ अहं विश्लेषण के धरातल से लिखी गई हैं वे समस्त कहानियाँ इसी शैली के अन्तर्गत हैं। इसमें आत्मकथा के अतिरिक्त और भी दो तत्त्व आए हैं जैसे स्वगत भाषण तथा संवाद। इन सबके सामूहिक प्रभाव के फलस्वरूप इस शैली में अपूर्व वेग आंतरिकता और सूक्ष्म अध्ययन की शक्ति आ गई है। जोशी की यही शैली उनकी सहज और प्रमुख शैली है। इसी के माध्यम से वे व्यक्ति चरित्र का अध्ययन उसके सूक्ष्म सूत्रों का उद्‌घाटन और अहं का विश्लेषण प्रस्तुत करते हैं।

सामाजिक, व्यक्तिपरक कहानियाँ इसी शैली में लिखी गई हैं। इनके रचना-विधान में वर्णनात्मकता, कथोपकथन के साथ घटना-चक्रों का क्रमिक प्रतिफलन और कार्यों का स्वाभाविक विश्लेषण यही इसके तीन पक्ष हैं। असाधारण चरित्रों, सामाजिक विवरणों और आलोचनाओं की भी कहानियाँ इसी शैली में निर्मित हुई हैं, अतएव रचना शैली की दृष्टि से जोशी जी की कहानियों में निम्नलिखित विकास-क्रम मिलते हैं।

1. आरंभ : पात्र परिचय और विषय प्रवेश
2. पूर्व विकास : केंद्रीय भाव अथवा चरित्र पर बल
3. विकास : केंद्रीय भाव और मुख्य चरित्र का पूर्व उद्‌घाटन
4. मुख्य घटना द्वारा : भाव और चरित्र विश्लेषण का चरमोत्कर्ष
5. निष्पत्ति या अंतः पूरे अभिप्राय की निष्पत्ति।

शैली के सामान्य पक्ष में वर्णन, चित्रण और कथोपकथन तीनों के रूप परम स्वाभाविक हैं। इस दिशा में विश्लेषणात्मक शैली इनकी मुख्य प्रेरणा है। जहाँ देश-काल परिस्थिति का चित्रण अथवा वर्णन हुआ है वहाँ की भाषा परम संयत और सुबोध है। जहाँ व्यक्ति चरित्र का विश्लेषण हुआ है वहाँ की भाषा वैज्ञानिक और अभिव्यंजक हुई है। इस तरह जोशी की भाषा में बौद्धिकता अधिक है और इसी बौद्धिकता के फलस्वरूप जहाँ कहीं परिस्थिति अनुसार भाषा में लयमयता और माधुर्य आना चाहिए वहाँ ये गुण इनकी भाषा में नहीं आ पाते। फिर भी जोशी जी के गद्य में शब्द-संयम, शब्द निर्माण और भाषा-सौष्ठव आदि तत्त्व प्रचुर मात्रा में मिलते हैं।

जोशी जी की जितनी कहानियाँ व्यक्तिपरक हैं, उनमें निश्चित रूप से जीवन के मूल्यों पर नैतिक प्रश्नों पर प्रकाश डाला गया है क्योंकि ये कहानियाँ परोक्ष और प्रत्यक्ष रूप से एक लक्ष्य को लेकर निर्मित हुई हैं। लेकिन विशेषता इनमें यह है कि ये कहानियाँ कहीं भी दृष्टांत-सी नहीं प्रतीत होतीं। इन कहानियों में कहानीकार का दृष्टिकोण और निश्चित लक्ष्य सर्वत्र बिखरे पड़े हैं। निष्कर्ष रूप में लक्ष्य को प्रतिफलित करने की पद्धति जोशी जी की कहानियों में बहुत कम है। दूसरी ओर वे भी कहानियाँ जो अहं के विश्लेषण और उसकी एकांतिकता पर प्रहार की दृष्टि से लिखी गई हैं उनके भी निर्माण में लक्ष्य की प्रेरणा है लेकिन उनके विकास में आत्मानुभूति की भी प्रेरणा बहुत है। जो कहानियाँ कुछ सच्चे चरित्रों और संवेदनाओं को लेकर लिखी गई हैं, जैसे, 'खँडहर की आत्माएँ' की कहानियाँ, उनके निर्माण में वस्तुतः आत्मानुभूति की ही प्रेरणा सर्वोपरि है। व्यापक रूप से जोशी जी की कहानीकला विश्लेषणात्मक है। इस पर बौद्धिकता की छाप सबसे अधिक है। इसका सबसे बड़ा कारण जोशी जी का कलागत दृष्टिकोण है। बाह्य अन्तर का तादात्म्य इनकी कहानी-कला में लक्ष्यात्मक गंभीरता लाता है। इस कलागत दृष्टिकोण को न समझने वाले आलोचक जोशी जी की कहानी-कला के मूल्यांकन में पथभ्रष्ट हो जाते हैं। जोशी जी की कला में अपना एक स्वतंत्र छंद है, गति है, इसकी अपनी एक विशिष्ट धारा है जिसे कभी नहीं भुलाया जा सकता।

उपेंद्रनाथ 'अश्क'

'अश्क' की कहानी की शिल्पविधि प्रेमचंद की यथार्थवादी परंपरा, शिल्पविधान के विकास का आधुनिक रूप है। जिस तरह प्रेमचंद की कला व्यक्ति-समाज के यथार्थ जीवन और मनोविज्ञान का सामूहिक प्रतिनिधित्व करती थी, ठीक वही धरातल अश्क की कहानियों का है। यही कारण है कि इनकी कहानियाँ जहाँ एक ओर समाज की आलोचना करती हैं, वहाँ दूसरी ओर व्यक्ति के मनोविज्ञान की व्याख्या प्रस्तुत करती हैं। चरित्र पर तीखे व्यंग के साथ पाठक को एक निश्चित आदर्श अथवा लक्ष्य की ओर प्रेरित करती हैं।

अश्क की कहानियों के कथानक परम स्पष्ट और आदि, मध्य तथा अंत अपने तीनों रूपों में पूर्ण परिष्कृत रहते हैं। लगता है कि कहानीकार ने संवेदना के स्वाभाविक विकास से अपने कथानक को खूब सँवारा है। इस स्पष्टता और परिष्कार के स्पष्ट कारण हैं। अश्क की कहानियों की संवेदना हम सबकी संवेदना होती है—विशेषकर मध्य वर्ग की। जिस समस्या को लेकर कथानक का निर्माण है, वह समस्या भी हमारी नित्य प्रति की समस्या होती है। फलतः यहाँ कथानक का रूप चाहे व्यंजनात्मक हो चाहे अपूर्ण, पाठक के लिए सर्वथा स्पष्ट रहता है। दूसरी ओर उनकी कहानियों के कथानकों में एक समता और केंद्रीय भावना परम सफलता से विद्यमान रहती है। मूल कथानक के साथ प्रायः कहीं भी उपकथा, अन्य कथा अथवा अंतःकथा की व्यवस्था नहीं रहती। कथानक सदैव किसी निश्चित समस्या या भाव को लेकर आरंभ होता है और इसी भाव या समस्या के किनारे-किनारे पूरा कथानक अपनी एक समता के साथ केंद्रीभूत रहता है।

विधान की दृष्टि से अश्क के कथानक निर्माण में दो शैलियाँ हैं : प्रथम, वर्णनात्मक ढंग से घटना-चक्र से और कार्यों के तादात्म्य से, द्वितीय, कथासूत्र के पूर्ण विकास और उत्तर विकास के कलात्मक संयोग से। पहले के उदाहरण में उस वर्ग की कहानियाँ आती हैं, जो नैतिक व्यंग और सामाजिक आलोचना सूत्र को लेकर लिखी गई हैं, जैसे 'वह मेरी मँगेतर थी', 'तीन सौ चौबीस', 'चारा काटने की मशीन', 'डायरी', 'गोखरू', 'कालेसाहब', और 'काँगड़ा का तेली', आदि। इन सब कहानियों की संवेदना जीवनगत व्यंग और कटु आलोचना से संबद्ध और इनके कथानकों के निर्माण में व्यक्ति के जीवन संबंधी सहज घटना-चक्रों तथा परिस्थितियों के आरोह-अवरोह एक सूत्रता में पिरोए गए हैं। दूसरे के उदाहरण में उस शैली की कहानियाँ आती हैं जो प्रायः प्रतीकात्मक हैं अथवा जिनके कथा-विधान में पूर्व और उत्तर स्थितियाँ, चिंतन, स्मृति आदि के माध्यम से वर्तमान स्थिति में पिरोई गई हैं, जैसे—'नासूर', 'चट्टान', 'अंकुर', 'उबाल', बैंगन का पौदा', और 'पिंजरा' आदि। 'पिंजरा' का कथानक शांति की वर्तमान स्थिति को लेकर आरंभ होता है। वह किस भाँति इतने धनी प्रतिष्ठित पति के घर, संस्कार व्यवहार के पिंजड़े में बंदिनी बनकर बैठी है, किस तरह उसका व्यक्तित्व, उसकी सत्ता मिट गई है, इसी मनःस्थिति और द्वंद्व में वह एक पत्र लिखने को है। बार-बार वह पत्र लिखती है और बार-बार उसे फाड़ देती है और वह पाँचवाँ पत्र था। तब कहीं बैठे-बैठे उसकी आँखों के सामने अतीत के कई चित्र घूम गए, यहाँ से कथानक अपनी पूर्व कथा की ओर मुड़ता है : "तब शांति गरीब थी। उसके पति लांड्री का काम करते थे। गोमती एक काली-कलूटी निम्नकोटि की लड़की शांति की बहन बन गई। वही गोमती आज दोपहर को, बहुत दिनों के बाद फिर शांति के घर आई। शांति ने उसका स्वागत पहले की भाँति किया, उस पर शांति के प्रति, जो आज धनी व्यक्ति हो गए हैं, क्रुद्ध होते हैं और शांति की स्थिति पिंजरे में पड़े हुए पक्षी की भाँति हो जाती है। वह गोमती को लिखे हुए खत को फाड़ देती है।"—वस्तुतः ऐसे कथानक के शिल्पविधान के पीछे व्यक्ति-अध्ययन और उसके मनोवैज्ञानिक चित्रण की प्रेरणा सबसे अधिक है। प्रथम प्रकार के कथानक की संवेदना जहाँ स्थूल होती है वहाँ दूसरे

प्रकार के कथानक की संवेदना अपेक्षाकृत सूक्ष्म और मनोवैज्ञानिक होती है।

अश्क की कहानी-कला में चरित्र सीमित हैं। लेकिन इस सीमित क्षेत्र में भी उनके चरित्रों में विविधता है। उनके समस्त चरित्र विशुद्ध रूप से हमारे जीवन के सच्चे प्रतिनिधि हैं। उनकी अवतारणा सर्वथा स्वाभाविकता और मानवीय तत्त्वों के धरातल से हुई है। वस्तुतः, अश्क का यथार्थवादी दृष्टिकोण मुख्यतः उनके चरित्रों के ही माध्यम से व्यक्त हुआ है। चरित्र मुख्यतः दो भागों में रखे जा सकते हैं–

(1) साधारण चरित्र

(2) प्रतिनिधि चरित्र

'अश्क' में रचना-कौशल अवश्य है, लेकिन इनमें विभिन्नता उतनी विशेष नहीं है। वस्तुतः ये उस संस्थान के कहानीकार हैं, जो शिल्पविधि की अपेक्षा कहानी के भाव-पक्ष को अपना साध्य मानते हैं। अध्ययन की दृष्टि से इनकी कहानियों में रचना-विधान तीन शैलियों में है :

1. कथात्मक शैली
2. प्रतीकात्मक और
3. चिंतन शैली

शैली के सामान्य पक्ष में अश्क की कहानियों में चरित्र-वर्णन काफी स्वाभाविक हुए हैं। देश-काल-परिस्थिति के चित्रण में नाटकीयता आई है। घटनाओं की निष्पत्ति और चरित्र प्रवेश के पूर्व इन्होंने सर्वथा नाटकीयता परिपार्श्व देने का प्रयत्न किया है। अश्क के कथोपकथन इनकी शैली के प्रमुख अंग हैं। इनकी भाषा प्रेमचंद की भाषा की अनुवर्तिनी है। इसमें कहीं-कहीं पंजाबी और उर्दू की गति के कारण एक अजीब अटपटा भोलापन आ गया है।

अश्क की कहानी कला में सोद्देश्यता सबसे अधिक स्पष्ट है। विशेषकर जितनी कहानियाँ समाज व्यक्ति की आलोचना के धरातल से लिखी गई हैं, उनमें चरित्रगत, नीतिगत और सामाजिक मान्यतागत कोई न कोई लक्ष्य निश्चित रूप से रहता है। उसी लक्ष्य को केंद्र मानकर अश्क की कहानी-कला अग्रसर होती है। जो कहानियाँ व्यक्ति की विशेष मनःस्थिति

को लेकर लिखी गई हैं, केवल उन्हीं के निर्माण में अनुभूति की प्रेरणा मुख्य रूप से रही है। लेकिन सैद्धान्तिक रूप से अश्क कहानी में सोद्देश्यता के पक्षपाती हैं।

अश्क एक सफल कहानीकार के अतिरिक्त नाटककार और मान्य उपन्यासकार हैं। इन दोनों व्यक्तित्व की प्रेरणा इनकी कहानी कला में स्पष्ट है। नाटक के तीखे व्यंग, तिलमिला देने वाले छींटे और औपन्यासिक शैली से देश-काल-परिस्थिति के चित्रण इनकी कहानी-कला की मुख्य विशेषताएँ हैं।

सामाजिक जीवन की इकाइयों अथवा व्यक्तिगत जीवन के विभिन्न पहलुओं के धरातल पर कहानियाँ लिखने वालों में भगवतीचरण वर्मा और सूर्यकांत त्रिपाठी निराला के भी नाम उल्लेखनीय हैं। क्योंकि इन दोनों कहानीकारों की कला में अपनी मौलिक प्रतिभा भी है और शिल्प-विधान के आकर्षण भी। वस्तुतः ये दोनों कहानीकार व्यापक रूप से जीवन दर्शन की ही प्रवृत्ति में आते हैं। भगवतीचरण वर्मा ने जीवनदर्शन के संबंध में अपना दृष्टिकोण स्पष्ट किया है कि नैतिकता और अश्लीलता दोनों व्यक्ति सापेक्ष्य हैं वस्तुतः इनका अपना कोई स्वतंत्र अस्तित्व नहीं है।[1] 'निराला' ने मुख्यतः जीवन को परम स्वस्थ और व्यापक दृष्टिकोण से देखा है। इसमें जीवन-दर्शन, मानव संवेदना और चरित्रनिष्ठा—ये तीनों पक्ष अत्यंत स्वस्थ दृष्टिकोण से लिए गए हैं।

1. भूमिका, दो बाँके, पृ. 1.

यशपाल

यशपाल की कहानियों का धरातल मुख्यतः निर्वैयक्तिक सामाजिक शक्तियाँ हैं, जिनका मूल केंद्र द्वंद्वात्मक भौतिकवाद है। अतएव यशपाल की कहानीकला में समाज अपने दोनों पक्षों में ही लिया गया है। प्रथम शोषित और शोषक दृष्टियों से, जिसमें समाज का अध्ययन इसे पूँजीपति और सर्वहारा दो वर्गों में बाँटकर किया गया है। इसी के साथ-साथ समाज का सांस्कृतिक पक्ष भी लिया गया है, जहाँ पुरातन धार्मिकता और परंपरा की कटु आलोचना की गई है और उनके स्थान पर आधुनिक आर्थिक शक्तियों को महत्त्व दिया गया है। अर्थात् समाज का अध्ययन मुख्यतः अर्थ के धरातल से किया गया है। दूसरे पक्ष में स्त्री-पुरुष के संबंधों को लेकर कहानियाँ लिखी गई हैं और नए-नए मापदंडों और मान्यताओं की प्रतिष्ठा के फलस्वरूप इनकी कहानियों में मनोविश्लेषण और व्यक्ति की कर्म-प्रेरणाओं का विवेचन सर्वथा अनूठे ढंग से हुआ है।

यशपाल की कहानियाँ समस्या प्रधान हैं तथा सामयिकता और यथार्थवादिता उसके दो प्रमुख पक्ष हैं। फलतः इनके कथानकों के मुख्यतः दो रूप हैं। जो कहानियाँ मानसिक विश्लेषण अथवा व्यक्ति-संघर्ष को लेकर लिखी गई हैं, उनके कथानक प्रायः छोटे और सूक्ष्म हैं। उनके निर्माण में जीवन के उस पक्ष से संबंधित दो-एक घटनाएँ हैं, अथवा कार्य-संकेत हैं, जैसे 'काला आदमी', 'आदमी का बच्चा' और 'रोटी का मोल', 'पराया सुख' आदि कहानियों के कथानक अपूर्ण से लगते हैं, लेकिन उनमें कलात्मक आग्रह बहुत है। दूसरी ओर जो कहानियाँ व्यापक जीवन-संघर्ष और मनुष्य

के कार्यों और कर्म-प्रेरणाओं के विवेचन के प्रकाश में लिखी गई हैं, उनके कथानक अपेक्षाकृत लम्बे, इतिवृत्तात्मक और पूर्ण हुए हैं। उनके निर्माण में कभी-कभी महीनों, वर्षों की घटनाओं का विवरण और कार्यव्यापार संबद्ध हुए हैं। 'उत्तराधिकारी', 'फूलों का कुर्ता', 'दास धर्म', 'मक्रील', 'हिंसा', और 'पराया सुख' आदि कहानियों के कथानक इस दिशा में इसके स्पष्ट उदाहरण हैं। व्यापक दृष्टि से यशपाल में कथा-विधान की विविधता और प्रयोग का आग्रह नहीं है। समस्त कथानक सीधे स्पष्ट और लक्ष्यात्मक हैं।

यशपाल की समस्त कहानियों में चरित्र अवतारणा मुख्यतः आर्थिक संघर्ष और वर्ग-चेतना के धरातल से हुई है : लेकिन इस दिशा में यशपाल का दृष्टिकोण इतना व्यापक है कि इन्होंने इतिहास, पुराण, समाज, और कल्पना-जगत् से अन्यान्य चरित्रों को लिया है। परंतु इस व्यापकता में यशपाल के चरित्रों की दो मान्यताएँ सर्वत्र व्याप्त हैं। इनके चरित्र सर्वथा सर्वसाधारण, यथार्थ और मानव संघर्षों के प्रतीक होते हैं। इसका सबसे बड़ा कारण यही है कि इन्होंने अपनी कहानियों में अधिक से अधिक वर्गों, जातियों, उम्रों, और स्थितियों के चरित्रों को लिया है। चरित्र-चित्रण और व्यक्तित्व प्रतिष्ठा इनके चरित्रों में प्रायः सर्वत्र हुआ है। इनके चरित्रों के व्यक्तित्व में संघर्ष और विद्रोह दोनों पक्ष विशिष्ट हैं। इन पक्षों से इन्होंने पूर्ण यथार्थवादी चरित्रों की अवतारणा की है। अतएव यशपाल के चरित्र-विधान में जैनेंद्र, अज्ञेय-सरीखे एक भी आदर्श चरित्र नहीं हैं, यद्यपि उनके चरित्र प्रायः संघर्ष और विद्रोह के धरातल से निर्मित हुए हैं।

शिल्प प्रयोग की दृष्टि से यशपाल में इसका आग्रह बहुत ही कम है, यही कारण है कि इनमें शैलीगत विविधता और व्यापकता नहीं है। कहानियों की रचना-शैली में कथा-वर्णन, कथोपकथन, और चरित्र-चित्रण मुख्यतः यही तीन तत्त्व हैं, लेकिन इन तीनों तत्त्वों के कलात्मक तादात्म्य में यशपाल अपूर्व हैं। संपूर्ण कहानी अपने आरंभ, विकास और अंत में इतनी कलात्मकता से गुँथी रहती है कि इन भागों को एक दूसरे से अलग करना कठिन हो जाता है। अतएव इनकी कहानियों के गठन में प्रभाव की तीव्रता अधिक है। इनकी छोटी कहानियाँ जो शैली की दृष्टि से रेखाचित्र

अधिक हैं, जैसे, 'शर्त', 'दुख', 'तीसरी चिंता', 'आदमी का बच्चा', 'चार आने', और 'जीत का हार' आदि इनकी शिल्पविधि की सुंदर कहानियाँ हैं। इन कहानियों के अंत प्रायः अस्पष्ट और निर्णयहीन हैं। इसका एक-मात्र कारण यह है कि इस संक्रांति युग में कहानीकार की मान्यताएँ सामाजिक तथा अन्य मानवीय संबंधों पर स्वयं ही अनिश्चित और अस्पष्ट हैं।

शैली के सामान्य पक्ष में यशपाल में वर्णन और चित्रण पूर्ण स्वाभाविक और परिस्थिति के अनुकूल है। भाषा-शैली में इनका भी गद्य अपना अलग सौंदर्य रखता है, कहानियों की भाषा संवेदना के अनुकूल रहती है, लेकिन यह अवश्य है कि अज्ञेय, जैनेंद्र और जोशी जी आदि ने भाषा, गद्य-शैली को जितना महत्त्व दिया है उतना यशपाल ने नहीं।

यशपाल की प्रायः समस्त प्रतिनिधि कहानियाँ लक्ष्यात्मक हैं। इनके निर्माण में लक्ष्य की ही प्रेरणा प्रधान है। लक्ष्य में आर्थिक संघर्ष और वर्ग-चेतना का आग्रह सर्वत्र स्पष्ट है। वर्ग-चेतना में पूँजीपति और सर्वहारा के अतिरिक्त जितनी कहानियाँ इन्होंने स्त्री-पुरुष के संबंधों और नैतिक मान्यताओं को लेकर लिखी हैं, उनमें नए-नए मूल्यों, मान्यताओं की उद्देश्यता प्रधान है। सभ्यता, संस्कृति, आस्था, ईश्वर आदि के प्रश्नों में भी यही प्रेरणा कार्य कर रही है। इसके फलस्वरूप इनकी कहानियों में कहीं-कहीं अस्वाभाविक उग्रता और नग्नता आ गई है। अनुभूति की प्रेरणा मुख्यतः चरित्र विश्लेषण और उनके कर्म-प्रेरणाओं के अध्ययन में है।

कहानी शिल्पविधि में प्रयोगशीलता

अभी तक हम कहानी शिल्पविधि के सर्वांग पूर्ण विकास और उसकी मुख्य प्रवृत्तियों की चर्चा करते आ रहे थे। इधर कहानी शिल्पविधि में प्रयोगशीलता की प्रेरणा कहानियों को कथा और इतिवृत्त के स्पष्ट आकार से बहुत दूर ले गई है और अब कई प्रकार के स्वीकृत कला रूप इसके अंतर्गत आ गए हैं, जिनके मुख्य रूप निम्नलिखित हैं।

1. रेखाचित्र (स्केच)
2. सूचनिका (रिपोर्ताज)

रेखाचित्र

मशीन और विद्युत ने वर्तमान युग को इतना द्रुतगामी बना दिया कि इसके फलस्वरूप मनुष्य और समाज के जीवन में आमूल परिवर्तन उपस्थित हो गया। सामाजिक जीवन के सामने नित्य नई-नई समस्याएँ और उसके फल आते रहे। इस तरह जीवन की द्रुतगामी वास्तविकता से कला के सामंजस्य ने भावाभिव्यक्ति के उक्त अभिनव रूप विधानों को जन्म दिया। इन रूप विधानों में रेखाचित्र सबसे अधिक सशक्त और प्रभावशाली है। हिन्दी साहित्य में रेखाचित्र सबसे पहले काव्य में अभिव्यक्त हुआ। इसके उपरांत चित्र-कला में, फिर यह कला हिन्दी कहानी शिल्पविधान के अंतर्गत आई। कहानी के अंतर्गत रेखाचित्र उस कला-विधान को कहते हैं जो वास्तविकता के किसी अंग विशेष को अलग करके अनुभूति और अनुभाव द्वारा उसका इतना संवेदनशील चित्र उपस्थित करता है, जिससे एक ओर उस अंग

विशेष की बाह्य और आंतरिक सुंदरता रेखाओं में उभर आती है, दूसरी ओर वास्तविकता संपूर्ण की आंतरिकता भी व्यंजित हो जाती है। वस्तुतः रेखाचित्र द्रुतगामी आधुनिक युग की देन है, इसलिए इस कला-विधान में संपूर्ण और विस्तार के स्थान पर उसके टुकड़े या विशेष अंग को ही ग्राह्य माना गया है, जो अपनी सीमा या टुकड़े ही में संपूर्ण का चित्र व्यंजित कर देता है। अतएव रेखाचित्र में लेखक की अनुभूति और वर्ण्यवस्तु को पूर्ण यथार्थवादी दृष्टिकोण से आँकना, ये दोनों शर्तें इस कला के प्राण हैं। कहानी के अंतर्गत रेखाचित्र, कला के समीप है। यह पूर्ण व्यक्तिवादी कला है। जिस तरह चित्र-कला में अनेक आधुनिक प्रवृत्तियाँ, जैसे प्रतीकवाद, रूपविधानवाद, अभिव्यंजनावाद, प्रभाववाद आदि आ रही हैं, उसी तरह रेखाचित्र में, व्यंग चित्र, प्रकाश छाया, अध्ययन चित्र, खाके, शबीहे आदि कला प्रवृत्तियाँ सामने आ रही हैं।

वर्तमान हिन्दी कहानी में रेखाचित्र की परंपरा जैनेंद्र और महादेवी वर्मा द्वारा आरंभ हुई। 'स्मृति की रेखाएँ'[1] जिन-जिन चरित्रों के व्यक्तित्व और उनकी चेतना अपनी रेखाओं में उभारी गई है, वे इस दिशा में सफल प्रयास है। इसका विकास आगे, प्रकाशचंद्र गुप्त[2], अमृतराय[3] और शमशेर[4] ओंकार शरद[5], डॉक्टर रघुवंश[6] ने किया। प्रकाशचंद्र गुप्त, अमृतराय और शमशेर की रेखाएँ जितनी पैनी हैं, उतनी ही यथार्थ चेतना की अभिव्यक्ति में सशक्त हैं। लेकिन इनके चित्रों में संवेदना की कमी है। ओंकार शरद में कथा संवेदना कुछ मात्रा में अवश्य है, लेकिन इनकी रेखाओं में भी अधिक कोमलता और रंगीनियाँ हैं। डॉक्टर रघुवंश के रेखाचित्र चरित्र के आंतरिक विश्लेषण में पूर्ण सफल हैं।

---

1. स्मृति की रेखाएँ—महादेवी वर्मा
2. पुरानी स्मृतियाँ और नए स्केच—प्रकाशचंद्र गुप्त
3. लाल धरती—अमृतराय
4. प्लाट का मोर्चा—शमशेर बहादुर सिंह
5. लंका महराजिन—ओंकार शरद
6. छाया तप—डॉ. रघुवंश

सूचनिका (रिपोर्ताज)

संक्रांति युगों में साहित्य और कला के लघु रूपों और लघु विधानों की सृष्टि परम स्वाभाविक है। रेखाचित्र समाज और स्थिति की जिस द्रुतगामिता की अभिव्यक्ति है, सूचनिका इससे भी आगे है। हमारा दैनिक जीवन और इसकी घटनाओं में इतनी द्रुतगामिता और विभिन्नता है कि उसे कलात्मक रूप विधानों में बाँधते चलना, बड़ा कठिन कार्य हो गया है। लेकिन कला और साहित्य की तो सबसे बड़ी जिम्मेदारी यही है कि वह मनुष्य के जीवन, युग चेतना और उसके संघर्षों को अपने में सँजोता चले। वस्तुतः सूचनिका का रूप विधान इसी माँग की पूर्ति करता है।

योरुप में पिछले महायुद्ध के बाद जो बड़ी-बड़ी घटनाएँ घटीं और मानव संघर्ष में जो ज्वार-भाटे आए, उनकी विस्तृत सूचना, रिपोर्ट तैयार करने में वहाँ के गद्य लेखक प्रयत्नशील हुए और उसी के फलस्वरूप सूचनिका का एक स्वतंत्र रूप विधान प्रस्तुत हुआ। रूस इसका जन्मदाता है, और अमेरिका में इस विधान का आश्चर्यजनक विकास हुआ। शिल्पविधि की दृष्टि से सूचनिका में प्रायः तीन तत्त्वों की अपेक्षा होती है : यथार्थ घटना और संघर्षमयी वास्तविकता का धरातल, द्वितीय, परिवेष्ठन और परिस्थितियों का चित्रात्मक वर्णन, तृतीय विभिन्न शक्तियों, धारणाओं और क्रियाओं की व्याख्या, जो उन घटनाओं और संघर्षों में प्रेरणा दे रही हैं। ये तीनों तत्त्व सूचनिका के प्राण हैं और इनमें से किसी भी एक तत्त्व की कमी इस रूप विधान को अपूर्ण और असफल कर सकती है। क्योंकि सूचनिका का परम लक्ष्य इसी में है कि वह वर्तमान जीवन की सारी संघर्षमयी चेतना की वास्तविकता को पाठक के हृदय में स्थापित करती चले। हिन्दी में यह रूप-विधान अभी आरंभ हुआ है। उर्दू में अपेक्षाकृत इसका अधिक विकास हुआ है। कृष्णचंद्र की प्रसिद्ध सूचनिका 'सुबह होती है' इसका सुंदर उदाहरण है। हिन्दी में इस रूप-विधान को अपनाने वालों में शिवदान सिंह चौहान, अमृतराय, आदि मुख्य हैं। लेकिन अपने निश्चित रूप में अब तक सूचनिका हिन्दी में नहीं आ पा रही है।

फिर भी वर्तमान समय में हिन्दी कहानी शिल्पविधान में निरंतर

प्रयोगशीलता की प्रवृत्ति इस बात का प्रमाण उपस्थित कर रही है कि काव्य के समस्त रूपों में हिन्दी कहानियों का भविष्य सबसे अधिक उज्ज्वल और सशक्त है। अमेरिका में कहानी शिल्पविधान में नित्य नए-नए प्रयोग हो रहे हैं, जैसे, केमरा विधान[1], न्यूजरील विधान आदि, इन सबका प्रयोग हिन्दी के नवयुवक कहानीकारों द्वारा हो रहा है।

---

1. The technique of the camera angle—This mobility as to the detail combined with the rigidity of the general direction is one of the great technical pleasure of the modern short story—Sen O' Faolain, the Short Stories, page 181.

प्रवृत्तियों और कहानीकारों की विशिष्ट शैली के आधार पर शिल्पविधि का विकास

जिस तरह युगीन प्रवृत्तियों ने हमारे सामाजिक और व्यक्तिगत जीवन को प्रभावित करके हमारी नैतिक मान्यताओं, सामाजिक प्रश्नों और उनके निर्णयों में आमूल परिवर्तन ला खड़ा किया, उसी तरह उन प्रवृत्तियों ने कहानीकारों के मापदंड और दृष्टिकोण में भी अपूर्व क्रांति की। युग का जितना बौद्धिक दृष्टिकोण 'जीवन' के प्रति हुआ, उतनी ही बौद्धिकता कहानी की परिभाषा के रचना-कौशल और शिल्पविधान के प्रति प्रकट हुई। अतएव इस काल की कहानी-कला में आश्चर्यजनक वैविध्य उपस्थित हुआ। विशेषकर आश्चर्य इस दिशा में है कि संक्रांति काल की कहानी-कला को किसी एक परिभाषा में बाँधना कठिन हो गया। क्योंकि अनेक प्रवृत्तियाँ, अनेक दृष्टिकोण और उनके प्रतिनिधि कहानीकारों द्वारा उसकी विभिन्न मान्यताएँ बनती गईं। अध्ययन की दृष्टि से केवल एकांत प्रभाव ही इस युग के कहानीकार का परम लक्ष्य बना[1]। इसे प्राप्त करने के लिए इस

---

1. इतना ही कहा जा सकता है कि कहानी नामक साहित्य प्रकार में एकांत प्रभाव ही साहित्यकार का उद्देश्य होता है, और उसके द्वारा चुनी गई वस्तु उस उद्देश्य की प्राप्ति का साधन। वह प्रभाव और उस प्रभाव की एकांतिकता ही मुख्य है। अज्ञेय : हिन्दी. प्रति. कहा., भूमिका, पृष्ठ 22.

काल का कहानीकार, अपनी रचनाशैली, शिल्पविधान में इतना स्वतंत्र हुआ कि उसने इस क्षेत्र में अपूर्व व्यापकता ला दी। उसने इतने प्रयोग किए कि उनका एक स्थान पर आकलन करना कठिन है। सम्यक् कहानी शैली से लेकर उसमें रेखाचित्र, विश्लेषण चित्र से लेकर सूचनिका (Reportas), केमरा विधान (Camera Technique) और न्यूजरील विधान तक कहानी-रचना की सीमा बढ़ गई।

प्रवृत्तियों और उनके कहानीकारों की विशिष्ट शैलियों के फलस्वरूप कथानक-निर्माण तथा कथा-विधान के रूपकों में अनेक नए-नए प्रयोगों और हस्तलाघव के परिचय मिले। कथानक अपनी क्रमबद्धता, एकसमता, और वर्णनात्मकता से आगे बढ़कर मानसिक सूत्रों, मनोवैज्ञानिक चक्रों, सूक्ष्म घटनाओं, मनोद्वेगों के माध्यम से निर्मित होकर स्फुट रेखाचित्रों, टुकड़ों और सांकेतिक रूपों में कभी-कभी इतने व्यापक हो गए हैं कि उनमें जीवन के लंबे-लंबे भाग विस्तृत समस्याएँ संगुम्फित हो गई हैं। जैनेंद्र और अज्ञेय के कथा-विधान इस दिशा में सदैव उल्लेखनीय हैं।

संश्लिष्ट चरित्र तथा मनःस्थिति की गूढ़ ग्रंथियों के विश्लेषण में ऐसे कथा-विधान प्रस्तुत किए गए, जिनसे चरित्र से संबंधित वे तमाम कर्म-प्रेरणाएँ एक ऐसे संधि-स्थल पर स्वीकृत हो गईं कि जिनके सहारे उस गूढ़ चरित्र का मनोविश्लेषण प्रस्तुत किया गया। ऐसी भी न जाने कितनी कहानियाँ लिखी गईं जिनमें कथानक के रूप इतने सूक्ष्म, और अव्यक्त हुए कि उन्हें अध्ययन की सीमा में बाँधना कठिन है। साम्यवाद अथवा मार्क्सीय प्रवृत्ति ने सामाजिक और व्यक्तिगत घटनाओं को कथानक-निर्माण में सबसे अधिक स्थान दिया। दूसरी ओर फ्रॉयड की मनोविश्लेषण पद्धति ने जीवन की बाह्य घटनाओं को नगण्य सिद्ध कर व्यक्ति के चेतन-अवचेतन जगत् के मनःउद्वेगों, स्वप्न चित्रों को सबसे अधिक स्थान दिया और इस प्रवृत्ति के फलस्वरूप कथा-विधान में चरित्र के सूक्ष्म संकेतों, घटनाओं और उद्‌गारों को संगुम्फित करने का कौशल प्रकट हुआ। कथानक की रूप-सीमा और उसके वर्ण्य-विषय में आश्चर्यजनक विस्तार हुआ तथा उसके विधान में भी इसी तरह अनेकरूपता उपस्थित हुई।

कलात्मक दृष्टि से इस युग की कहानी-कला का मेरुदंड चरित्र है। इसी के अध्ययन, इसी की कर्म-प्रेरणाओं के विवेचन तथा इसी के व्यक्तित्व प्रतिष्ठा के चारों ओर इस युग की कहानी शिल्पविधि के समस्त उपकरण घूमते मिलते हैं। चरित्र के रूप, चरित्र के वर्ग, चरित्र की स्थिति और चरित्र के स्तर में इतनी व्यापकता आई कि समूचा आधुनिक युग इसके माध्यम से प्रतिबिंबित हुआ। दर्शन, मनोविज्ञान, यौनवाद और साम्यवाद, समस्त युगीन प्रवृत्तियाँ इसी केंद्र-बिंदु से चरितार्थ की गईं। चरित्र अवतारणा मूलतः यथार्थ भूमि पर हुई। सामान्य चरित्र से लेकर विशिष्ट और प्रतिनिधि चरित्रों के सहारे संपूर्ण मानव-संवेदनाओं, कार्य-व्यापारों को कहानी विधान में स्थान मिले। चरित्रों की व्यक्तित्व प्रतिष्ठा और उनके व्यक्तित्व विश्लेषण में नए-नए प्रसाधन प्रयुक्त हुए, जैसे आत्मविश्लेषण, मानसिक ऊहापोह, अवचेतन बिज्ञप्ति तथा संकेत और छोटे-छोटे कार्य व्यापारों के अध्ययन।

व्यापक दृष्टि से इस युग में चरित्र अवतारणा विशुद्ध मनोवैज्ञानिक धरातल से हुई और इसके व्यक्तित्व निर्माण में प्रायः तीन प्रेरणाएँ, अहं, विद्रोह और आत्मविश्लेषण चिंतन, कार्य करती रहीं, अर्थात् इस युग का चरित्र विकास युग के चरित्र की अपेक्षा अधिक व्यक्तिवादी हुआ। इसका रूप हमारे सामने इतना स्पष्ट हुआ कि सर्वत्र इससे हमारा साधारणीकरण होता रहा। अब हमें कहानियों के कथानक न याद रहकर कहानियों के चरित्र याद रहने लगे। उनके सारे अंतर्द्वंद्व, संघर्ष हमारे मस्तिष्क में तैरने लगे। वस्तुतः मनोविज्ञान की उन्नति और उससे पाई हुई विश्लेषण पद्धति एक नई शक्ति थी। वैसे तो इसका प्रयोग मानव जीवन के प्रायः सभी अंगों और स्तरों के अध्ययन के लिए किया गया, लेकिन इस युग में विशेषकर स्त्री-पुरुष के संबंधों, नैतिक मान्यताओं को समझने और व्यापक अध्ययन के लिए इसका प्रयोग सबसे अधिक हुआ। लेकिन इस मनोविश्लेषण पद्धति का दूसरी ओर चरित्रों की दिशा में दुरुपयोग भी हुआ। इसके नाम पर काम, नग्न प्रेम वासना और उसकी अनेक विकृतियों के चित्रण हुए।

शैली की दिशा में, इस काल में सबसे अधिक प्रयोग हुए, क्योंकि

इस काल की कहानी-कला का चरम लक्ष्य उसकी प्रभविष्णुता और प्रभाव की एकांतिकता है : और इसे प्राप्त करने के लिए इस युग का कहानीकार अपनी निर्माण-शैली, विधान आदि में पूरी तरह स्वतंत्र है। फलतः कहानी की निर्माण-शैली और संविधान में अपूर्व ढंग का वैविध्य नवीनता और व्यापकता आई। वार्ता, दृष्टांत, सांकेतिक और प्रतीकात्मक शैली से लेकर ऐतिहासिक, आत्म-कथात्मक, डायरी, रूपात्मक, नाटकीय, पत्रात्मक स्वगत भाषण और मिश्रित शैली तक इसका विकास हुआ। रचना-शैली में इतने वैविध्य और प्रयोग आने का सबसे मुख्य कारण यह था कि इस युग की कहानी-कला में चरित्र का विकास दिखाने के लिए विस्तार के अभाव ने इसके रचना-कौशल पर सबसे अधिक दबाव डाला। जिसके फलस्वरूप इसके रचना-विधान में आश्चर्यजनक विविधता आई। चरित्र विकास के साथ जब कहानी-कला में भाव वस्तु को ही उसके अनुरूप प्रमुखता मिली, तब इसके रचना-विधान में और भी नए-नए प्रयोग हुए जैसे रेखाचित्र, व्यंगचित्र, संस्मरण, सूचनिका और केमरा शैली आदि। इस तरह निर्माण की दृष्टि से कहानी की शैली चित्र-कला के बिल्कुल समीप आ गई, और जिस तरह चित्र-कला के माध्यम से अनेक आधुनिक वाद जैसे, प्रतीकवाद, रूप विधानवाद, अभिव्यंजनावाद, और प्रभाववाद आदि अभिव्यक्त हुए।

लक्ष्य और अनुभूति की दशा में, इस युग में कहानी-निर्माण की प्रेरणा समान रूप से है। मुख्यतः मनोवैज्ञानिक धरातल की कहानियों की सृष्टि प्रायः अनुभूति की प्रेरणा से अधिक हुई है। जो कहानियाँ किन्हीं वादों, तात्विक विचारों और समस्याओं के हल विवेचन के लिए लिखी गई हैं, उनकी प्रेरणा निश्चित रूप से लक्ष्यात्मक है। समाजशास्त्र के विकास से, विशेषतया मार्क्सीय मत और फ्रॉयड मत की प्रगति से सामाजिक संबंधों पर जो प्रकाश पड़ा और उनके अध्ययन की जितनी पद्धतियाँ आविर्भूत हुईं, यह सोद्देश्यता भी इस युग की कहानियों की प्रेरणा बनी। अतएव विकास युग की भावात्मक कहानियों की अपेक्षा इस काल की कहानियाँ अधिक बौद्धिक हुईं। निर्माण की दृष्टि से इस युग के कहानीकारों की दृष्टि अधिक व्यापक हुई। वह मानव जीवन के समस्त पहलुओं को सापेक्ष-निरपेक्ष और कभी-कभी उसे अपना व्यक्तिगत पहलू बनाकर

अध्ययन करने लगा और उसके संबंध में अपना निर्णय देने का प्रयत्न करने लगा। लेकिन परिणामतः इस काल के कहानीकार की संवेदना अधिक उलझी हुई सिद्ध हुई। उसके विषय में मानसिक ऊहापोह बढ़ा और समस्याओं, मूल्यों के संबंध में उसका निर्णय अस्पष्ट और अस्थायी रहा। यही कारण है कि जहाँ इस काल में कहानी के शिल्प-विधान में प्रेमचंद काल की अपेक्षा आश्चर्यजनक विकास हुआ वहाँ कहानी अपने दृष्टिकोण और चरम परिणति में अस्पष्ट और रहस्यात्मक होती रही। कहानियाँ इतिवृत्तात्मकता को छोड़कर इतनी दूर चली आईं कि उनका पूर्ण रूप से समझना साधारण पाठकों के लिए कठिन होने लगा।

कहानी के शिल्पविकास की मान्यता

पिछले पृष्ठों में कहानी-कला के इतने व्यापक और विस्तृत अध्ययन से हम जिन निष्कर्षों पर पहुँचते हैं, वे ही निष्कर्ष कहानी-कला के उन समस्त मूल तत्त्वों से संबंधित हैं, जो कहानी के शिल्प-विकास की विशिष्ट मान्यताएँ हैं।

मानव जीवन में कहानी का आदि स्थान है। ज्योंही मनुष्य को बोलना आया होगा, उसी क्षण से किसी न किसी रूप में कथा-कहानी का आरंभ हुआ होगा। कौतूहल और जिज्ञासा, अर्थात् क्यों, कैसे की स्वाभाविक प्रवृत्ति ने इसके जन्म में इतनी बलवती प्रेरणा दी होगी कि साहित्य के इस माध्यम ने बहुत ही शीघ्र मानव-समाज को अपने आकर्षक और अनिवार्यता की सीमा में बाँध लिया होगा। कौतूहल और जिज्ञासा से परिपूर्ण कथा-सूत्र जब अपने रूप-विधान में बहुत विस्तृत और अनेक कार्य-व्यापारों के साथ निर्मित हुआ, तब इससे कथा, आख्यान, और लंबी-लंबी कहानियों की सृष्टि हुई। इसके आधार पर कहीं प्रबंध काव्य रचे गए, कहीं इसके मेरुदंड पर नाटक और नीति ग्रंथ प्रस्तुत हुए। इससे कहीं धर्मोपदेश दिए गए, कहीं दार्शनिक तत्त्वों के निरूपण और कहीं इसके माध्यम से विशुद्ध मनोरंजन उपस्थित हुए।

ज्यों-ज्यों मनोरंजन की वृत्तियाँ बढ़ती गईं और आधुनिक जीवन में द्रुतगामिता आती गई, त्यों-त्यों कहानी के निश्चित शिल्पविधि का विकास होता गया। इसकी संवेदनात्मक सीमा, रूप और शिल्पविधान में उत्तरोत्तर पश्चिम की कहानी-कला के अनुरूप, गठन और मँजाव आता गया। इसकी

संवेदना में पहले जीवन की एक लंबी कथा आई, फिर धीरे-धीरे सीमा संकुचित हुई, और इसमें केवल जीवन की कुछ विशिष्ट घटनाएँ आईं और उनके प्रकाश में मानव-जीवन की व्याख्या हुई। इसके उपरांत नित्यप्रति के जीवन और उसकी अलग-अलग समस्याओं में से केवल एक समस्या, समस्या का भी एक अंग और मूल घटना के आधार पर कहानी का निर्माण होने लगा। फिर शीघ्र ही विकास-क्रम से इसमें मनोविज्ञान का प्रवेश हुआ और इसके संविधान में अनुभूतियों की प्रेरणा प्रधान हुई।

अध्ययन की दृष्टि से कहानी कला के उक्त समस्त विकास क्रमों में, सौंदर्य और सत्य दर्शन ही इस कला का चरम लक्ष्य रहा है। इस लक्ष्य की पूर्ति के साधन में एक ओर शिल्प विधान में उत्तरोत्तर विकास होता चला आ रहा है, तथा दूसरी ओर कहानी-कला जीवन के अधिक से अधिक समीप आती जा रही है और अपनी संवेदनात्मक सीमा में जीवन की विविध समस्याओं तथा अनेक दायित्वों को समेटती जा रही है। विशुद्ध भाव पक्ष की दशा में कहानी-कला का यह विकास स्थूल से सूक्ष्म की ओर जा रहा है। बाह्य समस्याओं से आंतरिक समस्याओं के चित्रण और निदान प्रस्तुत करने में कहानी-कला अग्रसर होती गई।

प्रेमचंद और प्रसाद की कहानी-कला में अपेक्षाकृत जीवन, जगत्, बाह्य परिस्थितियाँ, बाह्य समस्याएँ, और व्यापक रूप से जीवन अपने बहिरंग रूप में प्रतिपादित हुआ और जीवन का व्यावहारिक संतुलन उनकी विषय-सीमा में प्रतिष्ठित हुआ और जीवन के विविध अंगों पर संवेदनात्मक दृष्टि डालना उनकी कहानी-कला का चरम लक्ष्य हुआ। उस युग में समकालीन, सामाजिक, राजनीतिक कुरीतियों के प्रति सुधार का उत्कट आग्रह तथा यथार्थ समस्याओं के सम्मुख आदर्श की प्रतिष्ठा, राष्ट्रीय जागरण का जोश, कहानी-कला की विशिष्ट मान्यताएँ बनीं। कथा-शिल्प की दृष्टि से घटना का प्राधान्य, इतिवृत्ति का स्पष्ट आकार और शिल्प-विधान की स्पष्टता और सुगमता का प्राधान्य रहा।

लेकिन इसके उपरांत, संक्रांति काल में हिन्दी कहानी कला अपूर्व गति से नया रूप ग्रहण करने लगी। वस्तु और विधान दोनों की दृष्टि से उसने नई दिशाओं में फैलना आरंभ किया। इसके मूलतः दो कारण

थे, प्रथम इसमें हिन्दी कहानी-कला का अमरीकी, फ्रांसीसी, अंग्रेजी और रूसी, कहानी-कला से सीधा संपर्क, द्वितीय मनोविज्ञान की उन्नति और उससे पाई हुई विश्लेषण पद्धति का अनुसरण। फलतः इस युग में आकर कहानी की मान्यताओं में आमूल परिवर्तन हुए। इस युग की प्रतिनिधि कहानी लेखकों की कला में सुगठित घटनाक्रम, प्रभावोत्पादक स्थिति तथा सरल साधारण स्पष्ट चरित्र के लिए कोई विशेष आग्रह नहीं रह गया। जीवन की एक द्रुत झाँकी; स्वभाव, चरित्र या मनःस्थिति को एकाएक आलोकित कर देने वाली समस्या या घटना को ही आधुनिक कहानीकार अपनी कला का उपजीव्य बनाता है। स्पष्ट शब्दों में कहानी-कला का मेरुदंड व्यक्ति अथवा चरित्र हो गया है। मानव मन कितना जटिल, उसके कर्म की अंतःप्रेरणाएँ किस प्रकार चेतन-अवचेतन के असामंजस्य से दुर्बोध और रहस्यमय हो गई हैं, इस संवेदना की व्यापकता कहानी-कला में होती जा रही है। इस प्रकार चरित्र के इन रूपों की पूर्ण अभिव्यक्ति के लिए कहानीकला में नए-नए रूपविधानों, शिल्प-विधानों के विकास हुए। चरित्र की अंतःप्रेरणाओं तथा मानव मन की जटिलताओं को सामान्य शिल्पविधानों में न बाँध सकने के कारण, कहानी कला में रेखाचित्र, सूचनिका, झाँकी, व्यंग चित्र, अध्ययन चित्र, संस्मरण, खाके आदि रूप विधानों की अवतारणा हुई।

आधुनिक कहानी-कला में मनोविश्लेषण तथा समाजशास्त्र के अंतर्गत मार्क्सीय मत, यौनवाद आदि की प्रेरणाओं ने इसके लक्ष्य तथा अनुभूति में महान् अंतर उपस्थित किया। प्रेमचंद युग के कहानीकार का लक्ष्य प्रतिपाद्य विषय, और उसकी संवेदना स्पष्ट होती थी, क्योंकि उनकी नैतिक मान्यताएँ, आदर्श-सुधार का दृष्टिकोण निश्चित होता था।

लेकिन आधुनिक कहानीकार की दृष्टि अनेक अर्थों में व्यापक हुई, फलतः उसकी कहानी-कला में व्यक्ति, समाज तथा अन्य मानवीय संबंधों पर निश्चित विचार, स्पष्ट सहानुभूति तथा निर्णय देने की दृष्टि उलझ गई। उसकी लक्ष्यात्मक दृष्टि से झिझक उत्पन्न हुई इसके स्थान पर कहानी में आत्मविश्लेषण, आत्मचिंतन और मानसिक ऊहापोह बढ़ा और कहानी अपने समग्र रूप में अस्पष्ट और अस्थायी अवस्था से पूर्ण होने लगी। दूसरी ओर कहानियों में अनेक मतवादों, मूल्यों और पद्धतियों के आरोप होने लगे।

कहानी शिल्प में कथानक का ह्रास

प्राचीन काल में, नियमित समाज-व्यवस्थाओं में जब मनुष्य को सुख-शांति से अर्जित अवकाश मिला और उस अवकाश को जब वह मनोरंजक साहित्य के सहारे व्यतीत करने चला, तब उसे ऐसी सरल कथाएँ अपेक्षित हुईं, जिनमें उसे न अपनी बुद्धि लगानी पड़ती थी न विशेष स्मरण-शक्ति; बस सहज कौतूहल के सहारे वह दैवी-अदैवी, स्वाभाविक-अस्वाभाविक घटनाओं और कार्य-व्यापारों के इतिवृत्त के पंखों पर उड़ जाना चाहता था। लेकिन ज्यों-ज्यों मनुष्य के वही अवकाश के क्षण सीमित हो चले और जीवन संघर्षमय होने लगा, तब कलाकार ने कथा से आगे बढ़कर उसे कहानी-जैसी सुगठित कलात्मक वस्तु दी, जिसमें कथा को उसने बुद्धितत्त्व और शिल्प-चातुर्य से परिष्कृत करके कथानक बना दिया।

इस तरह मानव ज्यों-ज्यों विकास करता गया, कहानीकार उसके अनुरूप ही अपने कथानक-निर्माण में उत्तरोत्तर प्रयोग करता गया और यह प्रयोग भावभूमि की दृष्टि से स्थूल से सूक्ष्म की ओर और शिल्प की दृष्टि से क्रमशः घटना-क्रम के ह्रास की ओर बढ़ता गया।

हिन्दी-कहानियों के विकास के प्रथम चरण से लेकर आज तक की कहानी-प्रगति को देखने से कथा-तत्त्व में यह ह्रास स्पष्ट होता चला गया है। लेकिन वह ह्रास भौतिक तत्त्वों के आधार से कहा गया है, विधानात्मक आधार से नहीं। शिल्पविधि की दृष्टि से कथानक का भौतिक ह्रास कहानी-कला का उत्थान है, जहाँ कहानी अपने कथानक तत्त्व में बाह्य उपकरणों से आगे बढ़कर आंतरिक उपकरणों तथा स्थूल से सूक्ष्म

तत्त्वों को क्रमशः अपना उपजीव्य बनाती चलती है।

हिन्दी-कहानियों में कथानक का यह ह्रास बहुत ही क्रमिक और कुछ निश्चित विधानात्मक अवस्थाओं और कारणों के फलस्वरूप हुआ है।

प्रेमचंद और 'प्रसाद' के पूर्व हिन्दी की जितनी प्रारंभिक कहानियाँ 'सरस्वती' के माध्यम से आईं वे सब कथानक-प्रधान कहानियाँ हैं। इसका निश्चित कारण है। वस्तुतः इन कहानियों के कथानकों पर एक ओर प्रायः शेक्सपियर के संपूर्ण नाटकों के इतिवृत्त की छाया पड़ी थी और दूसरी ओर इनके निर्माण संस्कृत के नाटकों और लोक-कथाओं की कथावस्तु के आधार पर हो रहे थे। इनके उदाहरण में क्रमशः किशोरीलाल गोस्वामी की 'इन्दुमति', गिरजादत्त वाजपेयी का 'पति का पवित्र प्रेम', केशवप्रसाद सिंह-कृत 'चंद्रलोक की यात्रा', लाला पार्वतीनंदन-कृत 'प्रेम का फुहारा' आदि कहानियों के कथानक लिए जा सकते हैं। शैली, विस्तार और अपने संपूर्ण रूप-विधान में उक्त कहानियों के कथानक कथा के समीप चले गए है। रामचंद्र शुक्ल-कृत 'ग्यारह वर्ष का समय' कहानी का कथानक, कथातत्त्व की इतिवृत्तात्मकता, विस्तार और सम्पूर्णता का सबसे सुंदर उदाहरण है। दैवी संयोग, आकस्मिकता और आश्चर्यजनक भाग्य-व्यापारों के बीच से कथानक निर्मित हुआ है और इस निर्माण-सूत्र में तीन लंबी-लंबी कथाएँ (प्रथम, स्वयं कहानीकार के मुख से, द्वितीय, कहानी के नायक के मुख से तृतीय, कहानी की नायिका के मुख से) एक में गुँथकर आई हैं। देश काल-परिस्थिति में इस लंबे कथानक का विस्तार क्रमशः गाँव के खँडहर से लेकर बनारस तक, फिर बनारस से कलकत्ता तक, ग्यारह वर्ष की अवधि तक घूमता हुआ एक दैवी-संयोग बिंदु पर समाप्त होता है।

कथानक का यही रूप-विधान आगे 'सरस्वती' के 1909 तक के अंकों में प्रकाशित कहानियों-जैसे, बंग-महिला-कृत 'कुंभ में छोटी बहू', चतुर्वेदी-कृत 'भूलभुलैया', लक्ष्मीधर वाजपेयी-कृत 'तीक्ष्ण छुरी', बंग-महिला-कृत 'दुलाईवाली', वृंदावनलाल वर्मा-कृत 'राखीबंद भाई' और 'तातार और एक राजपूत' आदि में मिलता रहता है।

उक्त समस्त कहानियों के कथानक कथा की-सी इतिवृत्तात्मकता,

विस्तार और रूप-विधान लेकर इसीलिए आए हैं, क्योंकि इस प्रारंभिक विकास-काल में वर्णनात्मकता के पुट से घटनाओं का विस्तार, संयोग और अप्रत्याशित कार्य-व्यापारों की प्रतिष्ठा से निर्मित कथा-सूत्र ही में पाठक को आनन्द मिलता था। उसे कहीं से भी कथा-सूत्र के साथ चरित्र को देखने या आँकने की अपेक्षा नहीं थी। एक तरह से कथा-निर्माण की प्रक्रिया में चरित्र यों ही आ जाते थे, उनकी कोई भी व्यक्तित्व-प्रतिष्ठा नहीं थी। अस्तु इस काल की कहानियों में मुख्यता केवल कथानकों की थी, चरित्र की नहीं।

इसके उपरांत कहानी-क्षेत्र में चंद्रधर शर्मा गुलेरी, प्रेमचंद और 'प्रसाद' का आविर्भाव होता है।

यहाँ सर्वप्रथम कथानक और चरित्र को समान विशेषता मिलती है। यहाँ यह स्पष्ट हुआ कि बिना चरित्र-स्थापना के कथानक का सजीव निर्माण ही नहीं हो सकता। यहाँ यह भी पता चला कि कथा-सूत्र में घटने वाली समस्त घटनाएँ, कार्य-व्यापार चाहे संयोग या अप्रत्याशित ढंग से ही क्यों न सही, यों अपने-आप वर्णनात्मकता के माध्यम से नहीं होते चलते, वरन् चरित्र स्वयं सामने आते हैं, कार्य-सूत्र अपने हाथों लेते हैं तथा जीवन-संग्राम और काल-चक्रों से थपेड़े खाते हुए अपने अद्भुत किंतु अत्यंत मानवीय कथानक अपने-आप निर्मित कर जाते हैं। कहने का तात्पर्य यह नहीं कि गुलेरी-कृत 'उसने कहा था', 'सुख-मय जीवन', 'बुद्धू का काँटा' तथा 'प्रसाद' की प्रथम उत्थान की कहानियाँ, 'सिकंदर की शपथ', 'जहाँनारा', 'अशोक', 'चित्तौर उद्धार' और प्रेमचंद की प्रथम उत्थान कहानियाँ, जैसे, 'रानी सारन्धा', 'पाप का अग्नि कुण्ड', 'नमक का दरोगा', 'पंच परमेश्वर' और 'बड़े घर की बेटी' आदि अपने कथा-विस्तार में पहले से कुछ कम हैं। बल्कि पहले की अपेक्षा इन कहानियों के कथानक अधिक लंबे, अधिक विस्तृत और अधिक देश-काल-परिस्थिति के साथ आए हैं। लेकिन इन कथानकों में पूर्ववर्ती कथा के तत्त्व (दैवी संयोग, अस्वाभाविकता, केवल वर्णनात्मकता) नहीं हैं। अर्थात् यहाँ कथानक कथा-तत्त्व के लिए इतने विस्तृत नहीं हुए हैं। वरन् चरित्र-चित्रण के लिए कथानक को इतने विस्तार में जाना पड़ा है। 'उसने कहा था' के लहनासिंह और सूबेदारनी, जो बचपन

में एक बार बम्बूकार्ट वालों के बीच में मिले थे, उनके संपूर्ण चरित्र-चित्रण के लिए कथानक को बंबूकार्ट से फ्रांस तक खिंचना होता है, बचपन से युवा के पच्चीस वर्षों के अंतराल को लाँघना पड़ता है। इस तरह यहाँ चरित्र के संपूर्ण जीवन को बाँधने में तथा उसके चरित्र आँकने में कथानक को इतना विस्तृत होना पड़ा है, केवल कथा-सूत्र के मनोरंजक विस्तार के लिए नहीं।

प्रेमचंद के प्रथम उत्थान की कहानियाँ, जो क्रमशः 'सप्त सरोज', 'नवनिधि' और 'प्रेम पचीसी' में आई हैं, इनके कथानकों की लंबाई और विस्तार पर तो आज आसानी से उपन्यास लिखे जा सकते हैं। एक-एक कथानक के निर्माण और विकास में बीसों मोड़ तैयार किए गए हैं। लेकिन फिर भी इन कथानकों की लंबाई घटना और कार्य-व्यापारों का इतिवृत्त नहीं, बल्कि विस्तृत जीवन की भावभूमि के खाके अधिक हैं। यहाँ कथानकों का धरातल, विषय के एक प्रसंग के स्थान पर वह पूरा विषय होता था, जिसमें न जाने कितनी अन्य संवेदनाएँ और जीवन की इकाइयाँ आ जाती थीं। फलतः कथानक स्वभावतः लंबे और विस्तृत हो जाते थे, क्योंकि इनकी लड़ी में प्रेमचंद एक समूचे परिवार, एकवंश या व्यक्ति के जीवन का पूरा भाग गूँथते थे। यही कारण है कि प्रेमचंद को उक्त संग्रह की कहानियों के मूल कथानक के साथ सहायक कथानक भी कहीं-कहीं जोड़ना पड़ता था।

प्रसाद की 'छाया' और 'प्रतिध्वनि' की उन कहानियों में, ऐतिहासिक इतिवृत्त से निर्मित हुई हैं, कथानक का रूप-विधान प्रायः प्रेमचंद सा ही है। लेकिन प्रसाद की इस चरण की वे कहानियाँ, जो कल्पना, भावुकता की भावभूमि से निर्मित हुई हैं, जैसे, 'प्रलय', 'प्रतिभा', 'दुःस्वप्न' और 'कलावती की शिक्षा' आदि, इनके कथानक अत्यंत छोटे और सूक्ष्मता की ओर बढ़े हैं। इन कथानकों में संपूर्ण जीवन न लेकर जीवन का एक प्रसंग लिया गया है और उन प्रसंगों में भी एक विशिष्ट भावना का ही प्राधान्य है, घटना या कार्य-व्यापार का नहीं।

प्रेमचंद के द्वितीय उत्थान-काल, 'प्रेम प्रसून' और 'प्रेम द्वादशी' आदि संग्रह की कहानियों के कथानक छोटे हुए हैं। अब कथानक में

संपूर्ण जीवन के स्थान पर जीवन का एक अंश लिया जाने लगा है और उस अंश में भी अब अधिक ध्यान चरित्र पर दिया जाने लगा है। कथानक में अब उतने ही मोड़, उतने ही कार्य-व्यापार और घटनाएँ आने लगी हैं, जिनसे चरित्र के जीवन का एक विशिष्ट अंश प्रकाशित हो जाए।

और इस काल में आकर कथानक के छोटे होने के पीछे चरित्र पर मनोविज्ञान की सफल और जागरूक प्रतिष्ठा कारण-स्वरूप है, प्रेरणा रूप है।

प्रेमचंद की 'बूढ़ी काकी', 'शतरंज के खिलाड़ी', 'मैकू', 'वज्रपात', और 'डिक्री के रुपए' आदि कहानियों के कथानक उतनी ही सीमा में हैं, जितने से कहानी की मूल संवेदना और चरित्र का विशेष मनोविज्ञान संबंधित है। अतएव यहाँ सहायक कथानक अपने-आप नष्ट हो गए हैं। कथानकों में कहीं भी द्विपक्षता नहीं, उसके स्थान पर यहाँ संकेतों, व्याख्याओं और कथोपकथनों से काम लिया गया है। यहाँ कथानकों में जीवन की एक इकाई, एक संवेदना और एक प्रसंग लिया गया है, अस्तु कथानक छोटे हो गए हैं और उनके स्थान पर चरित्र उभर आए हैं। 'आत्माराम', 'बूढ़ी काकी', 'मैकू', 'शतरंज के खिलाड़ी' आदि कहानियों के कथानक हमें भूलने लगे हैं; लेकिन सुनार आत्माराम, भूखी बूढ़ी काकी, और शतरंजबाज, मीर और मिर्जा साहब, हमें याद रहने लगे हैं। और इस याद के पीछे उनके जीवन के एक पक्ष का मनोविज्ञान हमें हरदम अभिभूत किए रहता है।

'प्रसाद' के द्वितीय उत्थान-काल की कहानियाँ 'आकाशदीप' की कहानियाँ हैं। 'आकाशदीप', 'स्वर्ग के खँडहर में', 'चूड़ी वाली' और 'विसाती' कहानियों के कथानक लंबे अवश्य हैं, लेकिन नाटकीयता के साथ व्यंजना किए हुए हैं। दूसरी ओर 'हिमालय के पथिक', 'प्रतिध्वनि', 'वैरागी', 'अपराधी' और 'रूप की छाया', आदि कहानियों के कथानक अत्यंत छोटे और प्रासंगिक हुए हैं।

'आकाश दीप', 'चूड़ी वाली' और 'विसाती' में मनोविज्ञान के आधार पर अंतर्द्वंद्व और मानवीय संघर्ष की प्रतिष्ठा हुई है और इन कहानियों के कथानक इसी मनोवैज्ञानिक संघर्ष के प्रतिरूप हैं, इन कथानकों का अपना

कोई मूल रूप नहीं। यहाँ कथानकों में जीवन की लंबी-लंबी संवेदनाएँ, और इतिवृत्त को एक छोटे से कथानक-सूत्र में समेट लिया गया है और उनमें कौतूहल का चमत्कार पैदा कर दिया गया है। 'प्रसाद' ने यहाँ कथानक निर्माण में एक नए कथानक-तंत्र की सहायता ली है और इस तंत्र निर्माण में उन्होंने अपनी नाटकीयता, व्यंजना और संदर्भ की सामूहिक सहायता ली है।

कथोपकथनों से कहानी आरंभ करके कथानक में द्वंद्व पैदा करना, इसके उपरांत वस्तुस्थिति को वर्णन या व्याख्या द्वारा स्पष्ट न करके संकेतों द्वारा स्पष्ट करना : फिर कथोपकथनों द्वारा अंतर्द्वंद्वों की अभिव्यक्ति और अंत में सांकेतिक वर्णनों से कथानक को चरम सीमा पर सहसा छोड़ देना—कथानक की यही वस्तुस्थिति प्रसाद के तृतीय उत्थान-काल की कहानियों, जैसे, 'पुरस्कार', 'आँधी', 'नीरा', 'दासी', 'गुण्डा' और 'सालवती' आदि में भी पाई जाती हैं।

प्रेमचंद के तृतीय उत्थान-काल की कहानियों में कथानक का रूप-विधान और भी कलात्मक हो गया है। इनके मुख्यतः तीन धरातल हैं—

1. किसी व्यक्ति के या समस्या के केवल एक पक्ष को धरातल मानकर; जैसे, 'कुसुम', 'गुल्ली गुण्डा' और 'मिस पद्मा' आदि।
2. व्यक्ति के बाह्य संघर्ष और आन्तरिक मनोविज्ञान के प्रकाश में उसके जीवन के लंबे भाग को धरातल बनाकर, जैसे, 'दो कब्रें', 'अल्योझा' और 'नया विवाह' आदि।
3. मनोविज्ञान की अनुभूति के धरातल से निर्मित कथानक, जैसे, 'क़फन' 'मनोवृत्ति' और 'पूस की रात' आदि।

तीसरे धरातल के कथानक अत्यंत छोटे और व्यंजनात्मक हैं, यहाँ लगता है, जैसे कोई मनोवैज्ञानिक बिंदु ही कहानी-भर में कथानक के नाम पर सूक्ष्म-सी रेखा बनाता गया हो।

प्रेमचंद और प्रसाद युग के उपरांत हिन्दी कहानियों के विकास-क्रम में जैनेंद्र कुमार और अज्ञेय कला की दृष्टि से दो महान् क्रांतिकारी और सफल लिपि कहानीकार आते हैं। इनके हाथों से कथानक के रूप-निर्माण और शैली में आश्चर्यजनक प्रयोग हुए। यहाँ उनकी कला का मूल केंद्र

चरित्र बना और इसी चरित्र के मेरुदण्ड से इन्होंने कथानक के प्रयोगों में अपूर्व उद्भावनाएँ कीं। मुख्यतः इसके दो कारण थे–

क. मनोविज्ञान के विकास से उपलब्ध मनोविश्लेषण की पद्धति का प्रयोग होना।

ख. व्यक्तिगत चरित्रों की उद्भावना और अपने व्यक्तित्व में उनका अधिक-से-अधिक अन्तर्मुखी होना।

जैनेंद्र ने प्रेमचंद और प्रसाद कथानक-विधान से बहुत ही आगे बढ़ कर अपने विधान को स्थूल उपकरणों से सूक्ष्मता की ओर बढ़ाया। इनमें सर्वप्रथम बाह्य से अंतर लाने का आग्रह पूर्ण सफलता से स्पष्ट है। यही कारण है कि जैनेंद्र की कहानी-कला में कथानक-विधान के नए-नए कौशल, नए-नए प्रयोग हुए हैं और इनमें उन्हें आश्चर्यजनक हस्तलाघव का परिचय मिला है।

जैनेंद्र की समस्त कहानियों का मेरुदण्ड चरित्र है और उस चरित्र की प्रतिष्ठा उन्होंने मनोविज्ञान पर की है। इस दृष्टि से हम उनकी समस्त कहानियों को चार भागों में बाँट सकते हैं–

प्रथम : जो व्यक्ति के जीवन के एक लंबे पक्ष को लेकर लिखी गई हैं; जैसे, 'मास्टर जी'।

द्वितीय : जो एक रात या कुछ घण्टों के जीवन-चक्र के आधार पर निर्मित होकर चरित्र के संपूर्ण व्यक्तित्व का अध्ययन उपस्थित करती हैं; जैसे, 'एक रात'।

तृतीय : जो चरित्र के विशिष्ट क्षेत्रों के आधार पर लिखी गई हैं और वे उसके जीवन के किन्हीं विशिष्ट चित्रों की द्रुत झाँकी उपस्थित करती हैं; जैसे, 'क्या हो।'

चतुर्थ : जो मात्र चरित्र-विश्लेषण और अध्ययन के आधार पर लिखी गई हैं; जैसे, 'मित्र विद्याधर'।

प्रथम प्रकार में कथानक सुस्पष्ट तथा अपने निश्चित इतिवृत्त के साथ आया है। यहाँ कथानक का निर्माण चरित्र के विकास-क्रमों और घटनाचक्रों के माध्यम से हुआ है। दूसरे प्रकार में कथानक अत्यंत बौद्धिक धरातल से निर्मित हुआ है। इसके विकास और निर्माण में बाह्य कार्य-व्यापारों

की अपेक्षा मानसिक सूत्रों का सहारा लिया गया है। अतएव ऐसे कथानक अत्यंत सूक्ष्म हो गए हैं। इन्हें हृदयंगम करने के लिए, पाठक को भी पूर्ण जागरूक, बौद्धिक और सशक्त रहना होगा। तीसरे प्रकार के कथानक अपेक्षाकृत और सूक्ष्म तत्त्वों से निर्मित हुए हैं। वे कुछ क्षेत्रों की मनःस्थिति की आधार-शिला से मनोद्वेगों, घात-प्रतिघातों के साधन से व्यक्त हुए हैं। ये नाम-मात्र के कथानक हैं। वस्तुतः ऐसी कहानियों में जैसे, कोई भाव ही फैलकर स्वयं कहानी बन गया है और उसमें कथातत्त्व, चरित्र आदि इस तरह संकुचित हो गए हों कि इन सब तत्त्वों की अपनी स्वतंत्र सत्ता ही एक-दूसरे में खो गई हो। 'क्या हो' में सब-कुछ स्मृति-चिंतन द्वारा ही किया गया है, लेकिन फिर भी कथानक-तत्त्व इतने सूक्ष्म स्वरूप में होता हुआ भी अपने में इतना वेग रखता है कि संपूर्ण कहानी, जैसे किसी अग्नि-शिखा-सी प्रतीत होती हो, जो किसी तूफान की गति में जलती-जलती सहसा टूट जाती है। चौथे प्रकार में एक तरह से कथानक का पूर्ण ह्रास हो गया है, क्योंकि ये कहानियाँ चरित्र की आंतरिकता के रेखा-चित्र हैं, फलतः यहाँ सूक्ष्म भावों, मनोविकारों को स्थूल कथानक में समेटा ही न जा सका है।

कुछ अर्थों में अज्ञेय इस दिशा में जैनेंद्र से भी आगे बढ़ गए हैं। यद्यपि यह सत्य है कि कथानक-विधान में सबसे पहले क्रांति जैनेंद्र ने ही की है और इसमें प्रयोग के अनेक मार्गों की संभावना उपस्थित की है; अज्ञेय ने मुख्यतः व्यक्तिगत पहलू को अपनी कला का केंद्र बनाकर अपनी सब तरह की कहानियाँ लिखी हैं। इनकी कहानियों की चार विभिन्न कोटियाँ हैं—पहली कोटि में,, सामाजिक आलोचना-संबंधी कहानियाँ हैं; दूसरी में राजनीतिक बंदीजीवन-संबंधी, तृतीय—चरित्र विश्लेषण संबंधी, और चतुर्थ—प्रतीकों के सहारे मानसिक संघर्षों के अध्ययन-संबंधी। अज्ञेय ने कथा-विधान में नूतन प्रयोग अपनी इन्हीं तृतीय और चतुर्थ कोटि की कहानियों में किया है।

अगर चरित्र संश्लिष्ट है, उसकी मनःस्थिति में गूढ़ ग्रंथियाँ हैं, तो कहानी में ऐसे चरित्रों को बाँधने के लिए उन कथानकों की रचना हुई है, जिनके विधान में उस चरित्र से संबंधित अनेक कर्म-प्रेरणाओं के विवरण

दिए गए हैं। 'पुरुष का भाग्य' में एक ऐसे स्त्री-चरित्र का विश्लेषण किया गया है जो राह चलते-चलते इस नगण्य संयोग से कँपकर गिरने लगी थी कि उसका पैर एक बच्चे के गीले पैर की छाप पर पड़ गया था।

प्रतीकों के सहारे मानसिक संघर्षों के चित्र प्रस्तुत करने वाली कहानियों में भी कथानक विधान दो ढंग से प्रयुक्त हुए हैं—

प्रथम : व्यक्ति के आत्म-चिंतन, तथा उससे संबंधित भूत, वर्तमान और भविष्य की अनेक स्फुट संवेदनाओं के तादात्म्य से, जैसे, 'पठार का धीरज', 'सिगनेलर' और 'नंबर दस' के कथानक।

द्वितीय : चिंतन और छोटी-छोटी घटनाओं के मेल से; जैसे 'साँप', 'कोठरी की बात' और 'पुलिस की सीटी' आदि के कथानक।

कथानक-विधान का यही स्वरूप इलाचंद्र जोशी की उन कहानियों में सफलता से मिलता है जो व्यक्ति के अहं-विश्लेषण और अहं की एकान्तिकता पर निर्भर प्रहार के लक्ष्य से लिखी गई हैं; जैसे, 'मैं', 'मिस एल्किन्स', 'रात्रि-चर', 'पागल की सफाई' और 'मेरी डायरी के दो नीरस पृष्ठ'। इन कहानियों में कथानक अपने व्यंजनात्मक रूप में केवल भावों, मनोद्वेगों के विश्लेषण के बीच में चला है। 'मैं' में तो कथानक ही नहीं है, बस केवल आत्म-विश्लेषण के आधार पर चिंतन की एक स्फुट झाँकी है। इसे हम कहानी न कहकर निबंध भी कह सकते हैं।

इस काल में जैनेंद्र, अज्ञेय, इलाचंद्र जोशी के अतिरिक्त उपेंद्रनाथ 'अश्क' और यशपाल की कुछ कहानियों के कथा-तत्त्व में यही सूक्ष्मता सफलता से आई है। 'अश्क' की दो कहानियाँ 'पिंजरा' और 'पत्नी-व्रत' में कथा-सूत्र अपनी इतिवृत्तात्मकता को एकदम से छोड़कर टुकड़ों में बँटा हुआ है; जिसे पाठक अपनी ओर से जोड़कर कथानक की एकसूत्रता को समझ सकता है, सीधे कहानी से नहीं।

युग ज्यों-ज्यों बौद्धिक होता जा रहा है, चरित्र ज्यों-ज्यों संश्लिष्ट, अंतर्मुखी और दुरूह होते जा रहे हैं, हमारे चेतन और अवचेतन से अनुपात न होने के कारण ज्यों-ज्यों मानव मन अज्ञेय होता जा रहा है, उसी के अनुरूप आज का कहानीकार कथानक को पीछे छोड़ता हुआ केवल चरित्र

विश्लेषण, और अध्ययन के लिए दौड़ रहा है। इसके फलस्वरूप कथानक अपने मूल रूप में नष्ट होता हुआ निम्नलिखित रूपों में देखने को मिलता जा रहा है–

(1) बिखरे हुए टुकड़ों के रूप में कथा-सूत्र।

(2) सांकेतिक और व्यंजना के रूप में।

(3) कहानी जहाँ समाप्त होती है, वहाँ से कथानक आरंभ होता है।

(4) कहानी की चरम सीमा पर कथा-सूत्र स्पष्ट होता है।

(5) कथानक कहानी में न रहकर पाठक को अपने मन में उसकी कल्पना करते चलना पड़ता है।

कथानक के उक्त पाँच रूपों में टूटकर बिखर जाने के पीछे प्रायः इतने ही कारण और स्थितियाँ भी गिनाई जा सकती हैं। आज कहानी-निर्माण का समूचा और एक-मात्र सूत्र चरित्र होने के नाते, कहानी की शिल्प रेखाएँ अत्यंत कोमल पर अपेक्षाकृत अंतर्मुखी हो गई हैं। इस विधान का सब से बड़ा प्रभाव कहानी के चरित्र पर पड़ा है। चरित्र जैसे निष्क्रिय हो गए हैं, फलतः कहानियों के पात्र प्रायः स्थिर होने लगे हैं। वे कार्यरत न होकर चिंतनरत हो गए हैं। कहानी में जैसे न कोई घटना ही घटती है, न कार्य व्यापार ही होते हैं : और जो कुछ इस दिशा में होते भी हैं, वे सर्वथा चरित्र के मन में होते–घटते हैं।

कथा सूत्र की इसी विश्रृंखलता के फलस्वरूप कहानी के विधान में अत्यधिक नए-नए प्रयोग हुए। कहानियाँ इससे अपने दृष्टिकोण और चरम परिणति में अस्पष्ट और रहस्यात्मक हुईं। इनमें निश्चित इतिवृत्त तथा स्पष्ट सहानुभूति के इस तरह ह्रास के कारण साधारण पाठकों के लिए कहानियाँ कठिन और दुर्बोध हुईं।

द्विजेंद्रनाथ मिश्र 'निर्गुण' की कहानियों में अनावश्यक शिल्प कौशल और कला चमत्कार के गुण नहीं हैं। जितनी तटस्थता, जितनी सूक्ष्म दृष्टि और साथ ही साथ सरलता और सुबोधता प्रेमचंद की कहानियों में प्राप्त है, उसके विकास सूत्र 'निर्गुण' की कहानियों में सहज ही प्राप्त हैं।

'खोज' कहानी संग्रह की प्रतिनिधि कहानियों जैसे, 'अश्रु', 'अनुभव'

और 'खोज' से लेकर 'जिंदगी' और 'प्यार के भूखे' कहानी संग्रहों की कहानियों की भाव-भूमि से स्पष्ट है कि 'निर्गुण' की संवेदना और भाव क्षेत्र प्रेमचंद की भाँति कितना व्यापक और मानवीय है। इसमें भी मुख्यतः ग्रामीण जीवन तथा कस्बे के जीवन पर आधारित जितनी कहानियाँ आई हैं, वे वास्तव में सदा के लिए श्रेष्ठ बन पड़ी हैं। ग्राम्य चित्रण, गृहस्थ जीवन, व्यक्ति और समाज इन सब जीवनस्तरों से 'निर्गुण' ने जो कहानियाँ लिखी हैं उनके केंद्र बिंदु में सर्वथा सामान्य मनुष्य के ही जीवन को लिया गया है : 'जिंदगी', 'तिवारी', 'छोटा डॉक्टर' जैसी 'निर्गुण' की श्रेष्ठ और प्रतिनिधि कहानियाँ इसके उदाहरण में हैं।

बिना किसी भूमिका, विश्लेषण तथा प्रस्तावना के कहानी में सीधा--स्पष्ट प्रवेश--ऐसा कि जो पाठक की सारी संवेदना और ध्यान को अपनी ओर बरबस आकर्षित कर ले, निर्गुण की कहानी शैली की परम विशेषता है। हमारे समस्त जीवन का अभाव, करुणा और व्यथा को 'निर्गुण' की लेखनी चरित्र के मूलाधार से उभारती है और उसके प्राणतत्त्व की प्रतिष्ठा निश्चित, स्पष्ट हृदय-ग्राही कथानक रूपी शरीर के भीतर होती है। सामाजिक स्थिति की विडंबना और भयंकरता दिखाने में 'निर्गुण' की रचना पद्धति अनेक कथा सूत्रों, स्मृति चित्रों और सांकेतिक भूमिकाओं को समेट कर चलती है, किंतु कहानी के अंत में बिल्कुल स्वाभाविक ढंग से कथा और चरित्र का ऐसा मोड़ देते हैं कि सारा कलुष, सारी निर्धनता और भयानकता को मांगलिक जीवन आधार मिल जाता है। 'तिवारी' और 'छोटा डॉक्टर' का अंत अपनी स्वाभाविकता और चारित्रिक विशेषता के कारण सदा स्मरणीय रहेगा।

'निर्गुण' की कहानियों में शिल्पविधान की एकरूपता मन को कहीं भी नहीं उबाती, वरन् रचना शिल्प की अकृत्रिमता और स्वाभाविकता से हमारे मन को मोह लेती हैं।

'निर्गुण' की कहानी शिल्प से अलग विष्णु प्रभाकर की कहानियों का कुछ दूसरा ही ढंग है। कहानी के प्रारंभिक भाग अथवा अंश में प्रस्तावना अथवा भूमिका का संस्पर्श। कहानी के मध्य में कहीं-कहीं समस्या का विश्लेषण और चरित्रांकन की रेखाओं में जीवनगत मूल्य स्तर का विवेचन।

'निर्गुण' की ही भाँति यह भी कहीं यथार्थ के प्रति निर्मम नहीं हो पाते। एक विशुद्ध मानवीय नैतिक सहानुभूति सदैव इनके पात्रों तथा जीवन-स्थितियों को इनसे मिलती रहती है।

'अगम अथाह', 'स्वप्नमयी', 'अभाव', 'गृहस्थी', 'जज का फैसला', 'संबल' और 'डायन' आदि कहानियाँ विष्णु प्रभाकर की श्रेष्ठ कहानियाँ हैं, और उनके सुगम सुबोध कथाशिल्प के सुंदर उदाहरण हैं।

विष्णु प्रभाकर की कहानियों की चरम सीमा अथवा अंत पर कहीं-कहीं उनकी आदर्शवादिता, सोद्देश्यता का आग्रह स्पष्ट हो उठा है और वहाँ कहानियों का एकांत प्रभाव अथवा परिणाम निर्बल हो गया है। किंतु इनकी रचना प्रक्रिया में जीवन के गहरे, अनुभूतिपूर्ण क्षणों और स्थितियों को पकड़ने और उन्हें कलात्मक अभिव्यक्ति देने में बड़ा कमाल हासिल है।

शिल्प की सरलता, प्रत्यक्ष प्रभाव डालने की क्षमता कमल जोशी की कहानी कला की विशेषता है। कथा का सूत्र सहसा बीच में से पकड़कर उन्हें कहानी के रंगों में उभार देना–ऐसा कि पूर्व कथा अथवा पूर्व भूमिका अपने आप कहानी से व्यंजित हो जाए। संपूर्ण इतिवृत्त को न लेकर केवल वहाँ से कहानी को सहसा उठा देना कि पाठक की सारी संवेदना अपनी तीव्र अनुभूतियों से उसमें समादृत हो जाए–कमल जोशी के शिल्प की अपनी विशेषता है। 'लाश', 'कामरेड', 'चार के चार', 'कन्हैया की माँ' इस शिल्प के उदाहरण में आने वाली कहानियाँ हैं।

कथा तत्त्व की इतनी सरलता, कहानी के संपूर्ण स्वर की इतनी सुबोधता के बावजूद भी कमल जोशी की प्रतिनिधि कहानियाँ विशुद्ध 'चरित्रों' पर आधारित कहानियाँ हैं। ये चरित्र प्रायः व्यक्ति के चरित्र हैं–कहीं-कहीं 'टाइप' जैसे भी दिखने लगते हैं। पर जोशी की कला की विशेषता यह है कि इनके चरित्रों की अभिव्यक्ति गहरी मनोवैज्ञानिकता के प्रकाश में होती है।

यह कहानी धारा–जिसमें अन्य प्रतिनिधि नाम अमृतराय, भैरव प्रसाद गुप्त, चंद्र किरन सौनरेक्सा आदि के हैं, अपने पूर्ण संस्कारों से पुष्ट होकर अपनी उक्त विशेषताओं से, आगे की कहानी धारा में उपलब्धिमय सिद्ध हुई है। यह कहानी धारा किसी विशेष वर्ग तथा विशिष्ट पाठक समुदाय

के लिए नहीं लिखी गई है। इस धारा की कहानियाँ अगम, दुर्बोध तथा अस्पष्ट नहीं हैं। मनोविज्ञान, प्रतीक पद्धति, लाक्षणिकता और प्रतीक योजना तथा सांकेतिक विधियों को अपनाकर भी इनमें निश्चित इतिवृत्त तथा स्पष्ट सहानुभूति का ह्रास नहीं हुआ है।

सम्पूर्ण कहानी की मान्यता

अज्ञेय, जैनेंद्र कुमार और यशपाल की कहानियाँ अपने युग और काल की सामाजिक प्रवृत्तियों के सफल उदाहरण हैं। इस संदर्भ में यह स्पष्ट रूप से कहा जा सकता है कि जिस तरह युगीन प्रवृत्तियों ने हमारे सामाजिक और व्यक्तिगत जीवन को प्रभावित करके हमारी नैतिक मान्यताओं, सामाजिक प्रश्नों और उनके निर्णयों में आमूल परिवर्तन ला खड़ा किया, उसी तरह उन प्रवृत्तियों ने इस चरण के कहानीकारों के मापदंड और दृष्टिकोण में भी अपूर्व क्रांति की। युग का जितना बौद्धिक विश्लेषणमय, तर्कमय दृष्टिकोण 'जीवन' के प्रति हुआ, वही स्वर कहानी की मान्यता, रचना कौशल और शिल्प-विधान के प्रति प्रकट हुआ। इसका फल यह हुआ कि इस दौर की कहानी-कला में आश्चर्यजनक वैविध्य उपस्थित हुआ। अतएव इसे किसी एक परिभाषा में बाँधना कठिन हो गया। क्योंकि यहाँ अनेक प्रवृत्तियाँ, अनेक दृष्टिकोण और उनके प्रतिनिधि कहानीकारों द्वारा उसकी विभिन्न मान्यताएँ बनती गईं। अध्ययन की दृष्टि से केवल 'एकांत प्रभाव' ही इस चरण की कहानियों का अपना परम लक्ष्य बना।[1]

इसे प्राप्त करने के लिए इस चरण का कहानीकार, अपनी रचना-शैली

---

1. इतना ही कहा जा सकता है कि कहानी नामक साहित्य प्रकार में एकांत प्रभाव ही साहित्यकार का उद्देश्य होता है, और उसके द्वारा चुनी गई वस्तु उस उद्देश्य की प्राप्ति का साधन। वह प्रभाव और उस प्रभाव की एकान्तिकता ही मुख्य है। अज्ञेय : हि.प्र. कहानियाँ, भूमिका, पृ. 22.

और शिल्पविधान में इतना स्वतंत्र हुआ कि उसने इस क्षेत्र में अपूर्व व्यापकता ला दी। उसने इसके लिए इतने प्रयोग किए कि उनका एक स्थान पर आकलन करना कठिन है। सम्यक् कहानी शैली से लेकर उसमें रेखाचित्र, विश्लेषण चित्र से लेकर सूचनिका (रिपोर्ताज), केमरा विधान और न्यूजरील विधान तक कहानी रचना की सीमा बढ़ गई।

कलात्मक दृष्टि से इस चरण की कहानी कला का मेरुदंड चरित्र ही हुआ। इसी के अध्ययन इसी की कर्म प्रेरणाओं के विवेचन तथा इसी की व्यक्तित्व प्रतिष्ठा के चारों ओर इस काल की कहानियों के समस्त उपकरण घूमते मिलते रहे। चरित्र के रूप, चरित्र के वर्ग, चरित्र की स्थिति और चरित्र के स्तर में इतनी व्यापकता आई कि समूचा वह काल इसके माध्यम से प्रतिबिंबित हुआ। दर्शन, मनोविज्ञान, गाँधीवाद, आतंकवाद, यौनवाद और साम्यवाद–समस्त तत्कालीन प्रवृत्तियाँ इसी चरित्र के केंद्र बिंदु से चरितार्थ हुईं। चरित्र अवतारणा प्रायः यथार्थ भावभूमि पर हुई। सामान्य चरित्र से लेकर विशिष्ट और प्रतिनिधि चरित्रों के सहारे संपूर्ण मानव संवेदनाओं, कार्य व्यापारों को कहानी में अभिव्यक्ति मिली। चरित्रों की व्यक्तित्व प्रतिष्ठा और उनके व्यक्तित्व विश्लेषण में नए से नए प्रसाधन प्रयुक्त हुए–जैसे :

(1) मानसिक ऊहापोह
(2) आत्म विश्लेषण
(3) अवचेतन विज्ञप्ति
(4) संकेत और छोटे-छोटे कार्य व्यापारों के अध्ययन चित्र
(5) सामाजिक आर्थिक परिवेश के भीतर से चरित्र अध्ययन।

व्यापक दृष्टि से इस चरण में चरित्र अवतारणा विशुद्ध मनोवैज्ञानिक धरातल से हुई और इसके निर्माण में प्रायः तीन प्रेरणाएँ–

(1) अहं
(2) विद्रोह
(3) आत्मविश्लेषणनिष्ठ चिन्तन–

कार्य करती रहीं। अतएव इस चरण का चरित्र प्रेमचंद युग की अपेक्षा अधिक व्यक्तिवादी हुआ। अब हमें कहानियों के कथानक न याद रहकर

कहानियों के चरित्र याद रहने लगे। उनके सारे अंतर्द्वंद्व, संघर्ष हमारे मस्तिष्क में तैरने लगे।

समाजशास्त्र के विकास से, विशेषकर मार्क्सीय मत की प्रगति से मनुष्य के सामाजिक संबंधों पर जो प्रकाश पड़ा और उनके अध्ययन की जितनी पद्धतियाँ आविर्भूत हुईं उनकी सोद्देश्यता भी इस चरण की कहानियों की प्रेरणा बनी। कुल मिलाकर कहानीकारों की दृष्टि व्यापक पर साथ ही बौद्धिक बनी। कहानीकार मानव जीवन के समस्त पहलुओं को सापेक्ष-निरपेक्ष और कभी-कभी उसे अपना व्यक्तिगत पहलू बनाकर अध्ययन करने लगा और उसके संबंध में अपना निर्णय देने का प्रयत्न करने लगा। लेकिन परिणामतः इस युग के कहानीकारों की संवेदना अधिक उलझी हुई, अस्पष्ट सिद्ध होने लगी, फिर उनको स्पष्ट करने में जो मानसिक ऊहापोह बढ़ा तो समस्याओं तथा मूल्यों के संबंध में उनका निर्णय भी अस्पष्ट और अस्थायी ही रहा।

दो विभिन्न दिशाएँ तथा उपलब्धियाँ

इस पूरे चरण की सारी कहानी संपत्ति के मूल्यांकन से हमारे सामने दो विभिन्न दिशाएँ तथा उनकी अलग-अलग उपलब्धियाँ सामने आईं, जो आगे 'नई कहानी' के आगमन की सबल भूमिकाएँ बनीं। ये दो विभिन्न दिशाएँ और उपलब्धियाँ हैं—एक ओर अज्ञेय की और दूसरी ओर यशपाल की। अज्ञेय की दिशा और उपलब्धि थी इस चरण की कहानियों में—अनुभूति की—

"मेरा आग्रह रहा है कि लेखक अपनी अनुभूति ही लिखे, जो अनुभूति नहीं है, कोई सैद्धांतिक प्रेरणा के वशीभूत होकर उसे लिखना ऋणशोध हो सकता है, साहित्यिक सिद्धि नहीं।"

—अज्ञेय : भूमिका, शरणार्थी, पृष्ठ 2

अर्थात् कहानी जीवन की अनुभूति का अंश है—जो कहानीकार द्वारा किसी न किसी स्तर से भोगा हुआ, जिया हुआ हो।

ठीक इसके विपरीत यशपाल की दिशा और उपलब्धि है :

"मैं जिन भावनाओं को सुंदर अर्थात् समाजोपयोगी और कल्याणकारी

समझता हूँ, उनके प्रोत्साहन के लिए अभिव्यक्ति की प्रेरणा अनुभव करता हूँ, और समाज को प्रेरणा देना चाहता हूँ। साथ ही जिन प्रेरणाओं को मैं असुन्दर, निर्दय, अन्यायपूर्ण और समाज के लिए अकल्याणकारी समझता हूँ, उनके विरोध की प्रेरणा भी अभिव्यक्त करना चाहता हूँ। कथा साहित्य का लक्ष्य हृदयस्पर्शी उदाहरणों और दृष्टान्तों से प्रेरणा देना ही है। ××× मैं जिन मान्यताओं के समर्थन अथवा विरोध में प्रेरणा उत्पन्न करना चाहता हूँ, उनके अनुकूल घटना की कल्पना कर लेता हूँ।''

–यशपाल

नई कहानी का आगमन

अज्ञेय और यशपाल की कहानियों की धाराएँ जहाँ अपनी सफलता की चरम सीमा पर पहुँचीं, उसके बाद हिन्दी कहानियों में एक जबरदस्त गत्यावरोध का समय आता है। यह गत्यावरोध कई स्तरों पर परिलक्षित हुआ।

यह गत्यावरोध फलतः एक बड़े पैमाने पर स्पष्ट हुआ। आगे पाँच-छह वर्षों तक कोई एक भी नया कहानीकार नहीं आया। बल्कि न आ सका। इसके दो बड़े कारण हैं। एक तो विशुद्ध रचनात्मक प्रक्रिया के कारण अर्थात् तत्कालीन कहानी धारा एक ऐसी चरमसीमा पर आकर बैठ गई थी कि उसे जानना, समझना और उसे पार कर आगे बढ़ना, या उससे अपनी कोई अलग नई दिशा पाना प्रायः असंभव-सा सिद्ध हो रहा था। दूसरे उस काल के प्रगतिशीलवादी उग्र आलोचकों की निर्मम लेखनी और उनके आतंक के सामने किसी नए के इस क्षेत्र में आने की जैसे हिम्मत नहीं हो पा रही थी। ये आलोचक नए के लिए कोई रास्ता दिखाने के बदले अपनी आतंकवादी लेखनी से उस चरम पथ को और भी अधिक उलझाते और कठोर बनाते गए। साथ ही सहानुभूति के स्थान पर इन आलोचकों ने अस्वीकारवादी दृष्टिकोण ग्रहण कर लिया था।

गतिहीनता या गत्यावरोध की उक्त तीनों स्थितियाँ रचनात्मक स्तर पर बड़े व्यापक रूप से कार्य कर रही थीं। और इन स्थितियों के कारण उस संक्रांतिकाल में केवल दो ही दिशाएँ (?) परिलक्षित हो पा रही थीं।

प्रथम अज्ञेय जैनेंद्र की धारा की अधिकांश कहानियाँ कल्पना और

फैंटसी ('पठार का धीरज') के आधार से निर्मित हो रही थीं। कल्पना प्रसूत कथानक, सूक्ष्म, असाधारण कथ्य। अंतर्मुखी चरित्र सिर्फ एक क्षण का एक मनःस्थिति का भावचित्र, 'एक दौड़ती हुई लहर का गतिचित्र।' इस संदर्भ में अज्ञेय के जयदोल (1950) कहानी संग्रह में लेखक का वक्तव्य उल्लेखनीय है। यहाँ तक कि यशपाल जैसे यथार्थवादी, वस्तुनिष्ठ कहानीकार जो प्रेमचंद की यथार्थवादी धारा की सच्ची विरासत के साथ कहानियाँ लिख रहे थे—वह भी इस परिणतिकाल में आकर काफी अंशों में कल्पना प्रसूत बन रहे थे। विशेषकर जब उन्हें अपनी कहानियों की चरम सीमाओं को चमत्कृत करने का मोह जगा, तो उन्हें भी काल्पनिक जीवन दृश्य, उपक्रम और घटनाओं को अपनी कहानियों के अंतिम हिस्सों में जोड़ना पड़ा।

दूसरे, इस गत्यावरोध के चरण में कहानी धारा पर कहानी की व्यावसायिकता, कहानी की देह में राजनीतिक नारों के स्वर, तत्कालीन स्थितियों से उत्पन्न अतिरंजित हिंदू मुसलमानी द्रोह दंगों के दृश्य, शरणार्थी समस्या, नंगी नारी, भयानक सेक्स की दुर्गंधि। यद्यपि इस परिणति में उर्दू के मूर्धन्य कहानीकार ही अधिक उजागर हुए, यह भी निश्चित है कि इसी समय हिन्दी उर्दू कहानी धारा का अपूर्व संगम हुआ। प्रायः सभी हिन्दी पत्र-पत्रिकाएँ उर्दू के मूर्धन्य कहानीकारों की अनूदित रचनाओं से भरने लगी थीं। क्योंकि द्वितीय महायुद्ध राशनिंगकाल से गुजरे हुए, चोरबाजारी से परिवर्तित समाज के लिए सस्ते मनोरंजन की एक अपूर्व माँग आई थी। सस्तापन, विकृत मनोवृत्ति के साथ कहानी क्षेत्र में परम व्यावसायिकता (कहानीकार और पत्र-पत्रिकाओं के मालिक दोनों स्तरों से समान रूप में) का गठबंधन शायद हिन्दी कहानी साहित्य में पहली बार हुआ था। पहली बार—वह भी अपने अत्यंत उग्र रूप में परिणामतः व्यवसाय के स्तर से, मनोरंजन के बदले हुए मूल्य के स्तर से कहानी की माँग सहसा बहुत बढ़ जाती है। इस नई माँग का सीधा प्रभाव कहानीकार पर पड़ा। उसमें (निश्चय ही सिर्फ एक वर्ग में, पर अपेक्षाकृत एक बहुत बड़े वर्ग में) व्यवसाय-चेतना प्रबल हो गई और 'रचना के आंतरिक मूल्य की अपेक्षा उसकी द्रव्यार्जन शक्ति अधिक महत्त्वपूर्ण हो गई।' परिणामतः

जहाँ इस संक्रांति काल के कहानीकारों के एक छोटे से वर्ग ने 'बहुत ईमानदारी से साहित्यिक मूल्यों के विकास का प्रत्यन किया, वहाँ दूसरे वर्ग ने केवल लिखने के लिए लिखा और सामान्य पाठकों के लिए यह विवेक करना लगभग असंभव कर दिया कि इन दोनों वर्गों की विभाजक रेखा कहाँ से आरंभ होती है।'[1]

किंतु उस छोटे से कहानीकार वर्ग के भी चारों ओर का वह समाज जो बड़ी तेजी से बदल रहा था, जिनमें जीवन की संकुलता बड़ी तीव्र थी—उसे समझने और अपनी कला में पकड़ने की जैसे उसके पास शक्ति और दृष्टि दोनों न हों। इसके ठीक विपरीत स्तर पर इस छोटे-से कहानीकार वर्ग ने यथार्थ भावभूमि, चरित्रांकन और उस तेज जीवन के यथार्थ हलचल को छोड़कर अपेक्षाकृत ठहरे हुए, सर्वमान्य वैयक्तिक और पारिवारिक जीवन खंड को अपनी कहानियों में अभिव्यक्ति दी। परिणामतः वह नया संघर्षशील सामाजिक पार्श्व का एक बहुत बड़ा भाग इस संक्रांति दौर से पूर्णतः अछूता रह गया।

लेखकीय दायित्व का यह उल्लेखनीय उल्लंघन नई कहानियों के आगमन की भूमिका में एक बड़ी चुनौती थी।

जहाँ इस संक्रांतिकाल के प्रायः सभी कहानीकार इस नई चुनौती को स्वीकारने में असफल रहे।

इस नई सामाजिकता की चुनौती को आगे स्वीकार किया नई कहानी ने। इस प्रसंग में यह स्पष्ट कर देना परम आवश्यक है कि यह नई कहानी क्या है ? 'नई कहानी से हमारा मतलब है उन कहानियों से, जो सच्चे अर्थों में कलात्मक निर्माण हैं, जो जीवन के लिए उपयोगी और महत्त्वपूर्ण होने के साथ ही, उसके किसी न किसी नए पहलू पर आधारित हैं, या जीवन के नए सत्यों को एकदम नई दृष्टि से दिखाने में समर्थ हैं।'...'नवीनता इसमें नहीं है कि उसमें किसी अछूते भूभाग के अजीब से प्राणियों का वर्णन है, बल्कि इसमें (नयापन) है कि साधारण मानवीय जीवन में वह कौन-सा विशेष नयापन है जो सामाजिक परिस्थितियों के परिवर्तन के

---

1. नए बादल : मोहन राकेश, भूमिका, पृ. 6.

कारण पैदा हो गया है, या बिना किसी परिवर्तन के भी जीवन का कौन-सा ऐसा पहलू है, जो साहित्य में अब तक अछूता है।'[1]

'आज कुछ लोग कहानी (नई कहानी) का संबंध एक विशेष तरह के शिल्प या वस्तु के साथ जोड़कर उसका मूल्यांकन करना चाहते हैं ...हमारी रचना का क्षेत्र निःसीम है और रचना की वास्तविक सिद्धि उसके प्रभाव की व्यापकता में है। इसके लिए इतना ही आवश्यक है कि लेखक का दृष्टिकोण स्पष्ट हो और उसकी रचना उसके और पाठक के बीच एक घनिष्ठता की स्थापना कर सके। इसके लिए अभिव्यक्ति में जिस स्वाभाविकता की आवश्यकता है, वह जीवन की सहज अनुभूतियों से जन्म लेती है और वह स्वतः ही रचना को सहज संवेद्य बना देती है। ये अनुभूतियाँ हमें जीवन के हर पक्ष और हर पहलू से प्राप्त हो सकती हैं।'[2]

'...कहानियाँ केवल 'शिल्प' रंगीन वर्णन, 'कला' की कलाबाजी के बल पर खड़ी नहीं होतीं, उनका निर्माण जीवंत वस्तु शिला पर होता है और इसीलिए वे पत्थर की तरह ठोस और कंक्रीट की तरह शक्ति-संपन्न होती हैं। उनमें आपको बड़े बोल नहीं मिलेंगे, घुमाव-फिराव या बाल की खाल निकालने वाली बारीकी नहीं मिलेगी, मिलेगी एक सरलता, एक सहजता, एक सादगी और एक सीधापन...लक्ष्य भी सीधा और अचूक होता है।...कहानी की कोई एक बात या कोई एक विशेषता हमारे मन में नहीं बसती, बल्कि पूरी कहानी हमारे स्मृति पट पर चित्रित रहती है। इसका कारण यह है कि (कहानीकार) एक बात विशेष या एक चरित्र विशेष के इर्द-गिर्द कथानक के जाल नहीं बुनते, बल्कि जीवन का एक जिंदा टुकड़ा ही उठाते हैं और उसे अपनी सहज कला से गढ़कर सामने रख देते हैं।'

–भैरवप्रसाद गुप्त

'इसलिए कि बहुत-सी कहानियाँ (आजकल) केवल स्थिति विशेष के प्रति

1. भूमिका : हंसा जाई अकेला, मार्कण्डेय
2. भूमिका : नए बादल, मोहन राकेश

एक गहरी उदासी और एक करुणा उत्पन्न करके रह जाती हैं। उसमें क्रियात्मकता नहीं रहती। आज की कहानियों में परिवेश बोध की अनुपातता की विकसित चेतना बहुत महत्त्व की वस्तु है।'

–नित्यानंद तिवारी–'लहर' नई कहानी विशेषांक

ऊपर के कथन, विचार, नई कहानी के विषय में दो प्रतिनिधि कहानीकारों के हैं, फिर 'कहानी' 'नई कहानी' उल्लेखनीय सम्पादक और विचारक भैरवप्रसाद गुप्त के हैं, और अंतिम अंश एक सजग पाठक-आलोचक का है।

इन स्थापनाओं और विचारों से नई कहानी की प्रकृति की झलक मिलती है। इसके स्वरूप के तीन पक्ष–

(अ) सहज सामाजिकता

(ब) अनुभूति

(स) परिवेश-बोध की विकसित चेतना

यहाँ स्पष्ट रूप से उल्लेखनीय है। पीड़ा और प्रयोजन अनुक्रम के अंतर्गत जिन संकट-बिंदुओं की हमने चर्चा की है–नई कहानी उसी अभाव का उत्तर भी है तथा पूरक भी। इसी नई कहानी का सबसे बड़ा स्वर यह उभरा कि इसने अपने समय-काल-परिस्थिति के जीवन और समाज, संघर्षकालीन स्थितियों से अपना सीधा संबंध स्थापित किया। इसने अपना नया अर्थ दिया–आजादी के बाद हमारे समाज में जो नई समस्याएँ उभरीं, जो अपूर्व कोलाहल और हलचल आया उनसे सीधे उलझना और उनके भीतर के नए प्रश्नों की चुनौती को इसने स्वीकार किया।

हिन्दी नई कहानी अपने विकास के पहले चरण में इसी बदली हुई सामाजिक-नैतिक परिस्थितियों को जीवन की समग्रता के बीच नई दृष्टि से देखने लगी। क्या गाँव, क्या कस्बे, क्या शहर, क्या गली, क्या नई बनती हुई बस्ती या उजड़े हुए बाजार-कूचे–इन सब क्षेत्रों में उसकी दृष्टि सीधे उनकी यथार्थता से टकराई। उस दृष्टि में उसने देखा कि पिछली कितनी सामाजिक, राजनीतिक, धार्मिक, नैतिक–यहाँ तक कि वैयक्तिक मान्यताएँ झूठी दिखाई देने लगीं। यह परिवर्तन केवल कहानीकार की ही नई दृष्टि के स्तर से नहीं हुआ, वरन् यह परिवर्तन पाठक की भी

रुचि में आया। वह कल्पना के स्थान पर अपना समसामयिक जीवन देखने की नई माँग करने लगा। इस नई माँग तथा लेखक की नई दृष्टि का ही यह फल हुआ कि कहानी और नई कहानी के क्षेत्र में धड़ाधड़ नई कहानी की पत्र-पत्रिकाएँ प्रकाशन क्षेत्र में अवतरित हुईं। और दिनोंदिन नई से नई विशुद्ध कहानी मासिक पत्रिकाएँ आने लगीं–जैसे 'कहानी', 'नई कहानियाँ', 'नई सदी', 'विनोद', 'नीहारिका' और 'सारिका' आदि। विकास का यह पहला चरण इतना वेगमय, शक्तिमय तथा उत्साहपूर्ण था कि देखते ही देखते उत्कृष्ट और महत्त्वपूर्ण कहानीकारों का एक नया दल इस नए क्षितिज से यहाँ छा गया–निर्मल वर्मा, मोहन राकेश, मार्कण्डेय, शिवप्रसाद सिंह, कमलेश्वर, राजेंद्र यादव, अमरकांत, धर्मवीर भारती, कृष्णा सोबती, उषा प्रियम्वदा, मन्नू भंडारी, फणीश्वरनाथ 'रेणु', शेखर जोशी और लक्ष्मीनारायण लाल आदि। इस नए चरण ने अपने आगमन के बीच बड़ी बुरी तरह से आए हुए उस गतिरोध को (रचना प्रक्रिया और विषयवस्तु तथा दृष्टि स्तर से) इस तरह से अपनी धारा में बहा लिया जैसे बढ़ी हुई गंगा और सरजू नदी देखते ही देखते अपने बाँधों को तोड़कर उन्हें अपनी सहज धारा में ले लेती हैं।

फिर तो गढ़े-गढ़ाये, अति निर्मित, अति शिल्प प्रधान तथा कृत्रिम कथानकों तथा पात्रों के बाँध टूटे, और एक नई वेगवती सहज धारा ऐसी फूटी कि हमारा सारा समाज, सारी प्रकृति, जहाँ तक कहानीकार की नजर दौड़ सकती है–वह सब कुछ नई कहानी का विषय दिखा। वहाँ के सभी जीते-जागते प्राणी उसे उसकी नई कहानी के चरित्र के रूप में मिले। अनंत विषय, अनंत समस्याएँ और अनंत चरित्र। ऐसा विस्तृत क्षेत्र, सहानुभूति की ऐसी उदारता, मनुष्य को संपूर्ण समाज के साथ बाँधकर देखने की ऐसी निर्वैयक्तिक दृष्टि ! जहाँ हमारा जीवन और इस जीवन के अंतस्तल में बैठी हुई, कार्यरत चेतना और संघर्षशील हृदय अपने उसी जीते-जागते स्पंदित रूप में अभिव्यक्ति पाने लगा। अपनी उसी महती परंपरा में–जिसमें प्रेमचंद की 'कफ़न', 'बड़े भाई साहब', अज्ञेय की 'रोज', यशपाल की 'पराया सुख', जैनेंद्र की 'मास्टर जी', अमृतराय की 'कस्बे का एक दिन' आदि कहानियाँ आती हैं। तभी मेरा विचार है कि नई

कहानियों के श्रेष्ठ उदाहरण में आने वाली ये कहानियाँ—कृष्णा सोबती की 'बादलों के घेरे', रांगेय राघव की 'गदल'—अमरकांत की 'दोपहर का भोजन', मोहन राकेश की 'मिसपाल', 'आर्द्रा', मार्कण्डेय की 'उत्तराधिकारी', राजेंद्र यादव की 'जहाँ लक्ष्मी कैद है', निर्मल वर्मा की 'परिन्दे', कमलेश्वर की 'राजा निरबंसिया', भारती की 'गुलकी वन्नो', मन्नू भंडारी की 'यह भी सच है', फणीश्वरनाथ रेणु की 'मारे गए गुलफाम', उषा प्रियम्वदा की 'जिंदगी और गुलाब', शेखर जोशी की 'कोसी का घटवार' आदि जहाँ एक ओर नई हैं, वहाँ दूसरी ओर यह परंपरा अर्जित उपलब्धि भी हैं।

'दृष्टि बदली, मानव और जीवन को देखने के ढंग बदले, तो कहानी का शिल्प भी बदला। पहले की-सी कथानक प्रधान, झटका देने और मधुर टीस उत्पन्न करने वाली गठी-गठाई कहानियों के बदले जीवन की गहमागहमी, रंगारंगी, कटु यथार्थता, जटिलता, संश्लिष्टता का प्रतिबिंब लिये हुए ('जिन्दगी और जोंक'—अमरकांत, 'जानवर और जानवर'—मोहन राकेश) सीधे-सादे स्केच की-सी 'खेल'—रघुवीर सहाय, 'नंगा आदमी : नंगा जख्म'—अमृतराय, निबंध की-सी, संस्मरण ('अंकल'—रामकुमार, 'घरउआ'—भैरवप्रसाद गुप्त, 'द्रौपदी' लक्ष्मीनारायण लाल) कुछ प्रभावों अथवा स्मृतियों का गुम्फन मात्र ('खुशबू'—राजेंद्र यादव) वर्णनात्मक ('शिमले के क्लर्क की कहानी'—रामकुमार) चित्रात्मक ('निशाजी'—नरेश मेहता) डायरी के पन्नों अथवा पत्रों का रूप लिए हुए ('सईदा के खत'—अमृतराय)। एक ओर लोककथा और दूसरी ओर उपन्यास की हदों को छूती हुई तरह-तरह की कहानियाँ लिखी जाने लगीं। पहले कहानियों में उपमाओं का प्रयोग होता था, जिससे उनकी सरलता और सुगमता द्विगुणित हो जाती थी, अब उनमें स्पष्ट अथवा अस्पष्ट बिंबों और प्रतीकों का प्रयोग होने लगा, जिससे उनकी जटिलता और संश्लिष्टता बढ़ी। निर्मल वर्मा की 'परिंदे', मार्कण्डेय की 'घुन', राजेंद्र यादव की 'अभिमन्यु की आत्महत्या', अमृतराय की 'मंगलाचरण' ऐसी ही कहानियाँ हैं।'

—नई कहानी : एक पर्यवेक्षण—'अश्क'

इसी नई कहानी का इतना वेग इतना प्रभाव कि पुरानी पीढ़ी के अनेक प्रतिष्ठित, विकासोन्मुख कहानीकारों ने इसको अपनाकर अपनी रचना-

प्रक्रिया को ही बदल दिया। उनकी दृष्टि बदली और स्वभावतः उसी के अनुसार उनकी शिल्पविधि में आमूल परिवर्तन हुए। इसके उदाहरण में सबसे पहला महत्त्वपूर्ण नाम उपेंद्रनाथ 'अश्क' का लिया जा सकता है। उनका 'पलँग' कहानी संग्रह इसका एक ज्वलंत उदाहरण है। इनके अतिरिक्त रामकुमार, अमृतराय, भैरवप्रसाद गुप्त, शरद जोशी, बलवंत सिंह आदि के नाम महत्त्वपूर्ण हैं।

एक दूसरी कहानीधारा

नई कहानीधारा के समानांतर एक दूसरी कहानीधारा भी प्रवहमान है, जिसका अलग से मूल्यांकन और चरित्रबोध आवश्यक है। इस दूसरी कहानीधारा की सर्वथा अपनी दो प्रकृति और स्वरूप हैं।

(1) नई कहानी लेखकों की अपनी एक पुरानी कहानीधारा।

(2) सर्वथा पुरानी कहानी—परंपरा का रूप।

पहली प्रकृति और स्वरूप के अंतर्गत हिन्दी नई कहानी का उन्मेष आता है। इस नवोन्मेष की एक विशेषता यह भी थी कि जो नया कथाकार अपनी जन्मभूमि-कर्मभूमि के विशेष अंचल से आया हुआ था, या उससे संस्कारतः संबंधित था, उसने प्रायः अपने उसी अंचल या देश विशेष को ही विषय सामग्री के रूप में ग्रहण किया। यह सत्य नई कहानी के लेखक के रचनाकार व्यक्तित्व की ईमानदारी का द्योतक तो था ही, साथ विषय सामग्री की यह नई ऐतिहासिक उसकी रचना प्रक्रिया की एक बहुत बड़ी पकड़ थी। प्रेरणा भूमि के भी रूप में और स्वभावतः उसी के अनुरूप रचनाशिल्प के भी रूप में। तभी इस नई कहानीधारा में एक ही लेखक द्वारा समान अर्थों में उसी की लेखनी से एक ओर जहाँ सर्वथा नई कहानी की रचना हुई, वहाँ दूसरी ओर उसने पुरानी कहानी भी लिखी। पुरानी कहानी, रचना-प्रक्रिया के संदर्भ में।

यह नई-पुरानी कहानी नए कथाकार द्वारा इस तरह एक साथ चली कि इसका मूल्यांकन और अर्थबोध करना पहले कठिन हो गया। किंतु आगे जब उसी लेखक की दोनों तरह की कृतियों की एक सहज स्पष्ट धारा बनने लगी, तो उन्हें अलग-अलग पहचानने में सरलता हो गई।

मोहन राकेश की सर्वथा नई कहानी थी 'मिसपाल'–इसी के साथ उनकी पुरानी कहानी थी 'मलबे का मालिक'। अमरकांत की नई कहानी 'दोपहर का भोजन' साथ ही पुरानी कहानी 'डिप्टी कलक्टर'। मार्कण्डेय की नई कहानी 'माही' –उन्हीं की पुरानी कहानी 'गुलरा के बाबा'। शेखर जोशी की नई कहानी 'बू' पुरानी कहानी 'दाजू'। राजेंद्र यादव की नई कहानी 'जहाँ लक्ष्मी कैद है' पुरानी कहानी 'खुशबू'। इसी तरह प्रायः सभी नए कथाकारों से नई-पुरानी कहानी का एक साथ ही समान रूप से लेखा-जोखा दिया जा सकता है। इस पूरे चरण में, इस प्रसंग में केवल निर्मल वर्मा ही एक ऐसे उदाहरण हैं जो सर्वथा एक ही तरह की एक ही अर्थ में सिर्फ नई कहानी के लेखक हैं।

नई-पुरानी की इस मिली-जुली धारा से वर्तमान कहानी साहित्य इस तरह से समृद्ध हो रहा है कि इससे नए कथाकारों की रचनात्मक ईमानदारी और शक्ति दोनों का परिचय मिलता है। इससे सहज ही एक व्यापकता, सहानुभूति का विस्तार देखने को मिलता है। जो पहले अपने अहं के भीतर से जीवन की अबाध धारा से अलग करके जीवन का क्षण-मात्र देखने की अजब प्रथा चली थी, जो पहले व्यक्ति को खंडित रूप में परखने उसे उसके विराट परिवेश (प्रकृति, अर्थ, राजनीति, समाज आदि) से अलग करके उससे चित्रित करने की रीति थी, उसके स्थान पर अब पूर्ण संदर्भ, पूर्ण चित्र संकेत के उदाहरणों से वर्तमान कहानी साहित्य प्रकाशमय हो चला है।

दूसरी कोटि में द्विजेंद्रनाथ मिश्र 'निर्गुण', रांगेय राघव, विष्णु प्रभाकर, कमल जोशी, भैरवप्रसाद गुप्त, आनंद प्रकाश जैन आदि रखे जा सकते हैं।

–लक्ष्मीनारायण लाल

नई कहानी : दिशा अध्ययन

नई कहानी, अपने प्रथम चरण से लेकर आज तक (1962) इसकी विकास दिशाओं का अध्ययन अपने आप में बहुत महत्त्वपूर्ण है। ये नई कहानियाँ किस रूप और किन विशेष दिशाओं में प्रतिफलित हुई हैं—इन तत्त्वों का मूल्यांकन करना इसकी उपलब्धि का अध्ययन है।

विषय और संवेदनाओं के अध्ययन क्रम में जो बात सबसे पहले हमारा ध्यान आकर्षित करती है वह है जीवन की छोटी-छोटी अनुभूतियों में अपेक्षाकृत विराट संवेदनाओं की ओर इसका सहज संकेत। साथ ही यह भी सच है कि इसके आज तक के पूरे विकास में यह देखने को मिलता है कि अनुभूतियों और संवेदनाओं का क्षेत्र बहुत गहन और व्यापक हुआ है। नई कहानियों के समर्थ लेखकों ने इतने कम समय के भीतर जीवन और समाज के अनेकानेक अपरिचित स्तरों को उभारा है। क्या ग्राम जीवन की कहानियाँ, क्या कस्बों या शहरी जीवन की कहानियाँ—इसकी नई कला ने जीवन के नए संदर्भों और नई वास्तविकता का बड़ी ईमानदारी से चित्रांकन किया है। इस चित्रांकन में विशेष बात है लेखकों की अपनी सांकेतिक प्रतिक्रिया, जो सर्वथा रचना-प्रक्रिया के भीतर से उसका अभिन्न अंग बनकर उभरता है। मार्कण्डेय की ग्राम जीवन की कहानियाँ और कमलेश्वर की अपनी बस्ती की कहानियाँ इसके उदाहरण में रखी जा सकती हैं। यहाँ लेखक की अपार संवेदनशीलता तथा बदलते हुए जीवन के भीतर असत पक्षों तथा ह्रासोन्मुख अंधशक्तियों के प्रति उनका कटु व्यंग तथा विद्रोह, इस प्रसंग के बड़े महत्त्वपूर्ण तत्त्व हैं। मार्कण्डेय का

'भू-दान', 'दाना भूसा', 'आदर्श कुक्कुट गृह'—कमलेश्वर की 'नीली झील', 'बदनाम बस्ती',[1] 'सलमा',[2] फणीश्वरनाथ 'रेणु' की 'अच्छे आदमी'[3] इस नए क्षेत्र की उत्कृष्ट कहानियाँ हैं। यहाँ एक ओर महत्त्वपूर्ण तत्त्व है इन कहानियों का परम वैविध्य। कहीं भी, किसी भी स्तर से एकरसता और दुर्बोधता का नामोनिशान नहीं। ऋजु कौशल और सहजता ही इनकी शक्ति है तथा एक निश्चित अभिप्राय है संघर्षशील, बदलते हुए जीवन के भीतर युद्धरत शक्तियों से डटकर जूझने और सीधे चुनौती देने का उद्देश्य।

वर्तमान नई कहानी साहित्य को लेकर एक बड़ा महत्त्वपूर्ण प्रश्न उठता है कि अनुभूति की नवीनता ही क्या नई कहानी की सीमा-सामर्थ्य है इसके उत्तर में सिर्फ इतना ही कहना पर्याप्त है कि नई कहानी में यह नवीनता उसका साध्य नहीं है, महज एक महत्त्वपूर्ण अंग है। मुख्य है इस अनुभूति की नवीनता के भीतर लेखकों की अपनी-अपनी दृष्टि, जिसका मूल्यांकन शायद हम अभी नहीं कर सकते—इसके सहज रूप को हम अगले दस वर्षों के बाद ज्यादा ईमानदारी से पहचान सकते हैं। क्योंकि दृष्टि-मूल्यांकन ऐतिहासिक प्रक्रिया के भीतर से—जब कि एक काल विशेष का प्रवाह थम जाता है और उसके आगे जब एक नया प्रवाह एक नया काल आता है, तब कह सकते हैं उस भविष्य के ऐतिहासिक परिप्रेक्ष्य में इस नई कहानी साहित्य का स्वर और उसका अर्थ अपनी पूरी स्पष्टता और अर्थबोधता के साथ व्यक्त होगा। पर इतना कहना अतिकथन न होगा कि नई कहानी में जितनी विविध अनुभूतियाँ, विविध मानवीय दुख-सुख के स्वर उभरे हैं, सबके अर्थ एक स्तर के नहीं हैं। कहीं गहराई है तो कहीं केवल विस्तार ही है। कहीं उत्कट ईमानदारी है तो कहीं सिर्फ आग्रह ही है। कहीं अविच्छिन्न जीवन्तता के तत्त्व पूरी तरह से हाथ में आए हैं तो कहीं सिर्फ वही खंडित चित्र ही हैं—उदास और करुण—क्रियात्मकता हीन—जड़, स्पंदनरहित। यहाँ अनायास ही 'परिन्दे', 'जिंदगी और जोंक',

---

1. सारिका—अगस्त 1962
2. नई सदी—सितंबर 1962
3. धर्मयुग—कहानी विशेषांक 1962

'मिसपाल', 'पलँग', 'जहाँ लक्ष्मी कैद है', 'वापसी', 'सावित्री नंबर दो', 'बदबू', आदि कहानियों की सुधि हो आती है—ठीक उसी तरह जैसे अज्ञेय की 'रोज' कहानी की सुधि।

पर स्थिति के प्रति सचेतनता और वर्तमान यथार्थ के प्रति सक्रियता की ओर नई कहानी-धारा विकासोन्मुख और सजग है—यह इसकी परम मूल्यवान प्रकृति है। ज्यादा नहीं, पर एक वर्ष में दो एक ऐसी महत्त्वपूर्ण कहानियाँ अवश्य मिलती हैं जो अपने ऐतिहासिक परिप्रेक्ष्य में सजग रहकर दृष्टि की नवीनता के साथ हमारे दुख-सुख को अविच्छिन्न जीवन्तता से जोड़ देती हैं।

दिशा अध्ययन की दृष्टि से यदि हम आज तक के नई कहानी साहित्य का मूल्यांकन करें तो अन्य अनेक बातें हमारे सामने आती हैं।

(अ) प्रेमचंद के युग के प्रारंभ में यदि कहानी में मुख्य तत्त्व ढूँढ़ने पर जहाँ घटना मिलती थी, आगे जैनेंद्र, यशपाल और अज्ञेय की कहानी में जहाँ मुख्यतः चरित्र पर आग्रह था, ठीक इसी प्रसंग में यदि इस नई कहानी का हम कोई मुख्य तत्त्व ढूँढ़ने चलें तो हमें इन दोनों तत्त्वों से आगे वह नवीन तत्त्व मिलेगा—परिवेशबोध की विकसित चेतना।

(ब) कहानी के पीछे एक विचार (आइडिया) मुख्य रूप से प्रेरक-शक्ति है। और वह विचार पूरी कहानी में धर्मनिष्ठ रहता है। बिना किसी विस्तार के। बिना किसी अस्वाभाविक नाटकीय चरमसीमा के कहानी के किसी भी अंश से उस विचार की सुगंधि मिल सकती है।

(स) विचार पूरी कहानी में व्याप्त न रहकर केवल चरित्र के पीछे उसकी दीप्ति रहती है। ऐसी दीप्ति जो उस चरित्र को 'युनिवर्सलाइज' करती है।

(द) कहानी में कोई विचार नहीं है—कहानी आदि से अंत तक विचारहीन (?) उसमें केवल एक जिया हुआ जीवन क्षण या अंश मात्र रहता है और उस भोगे हुए क्षणों को ही मुखरित करना उसे ही कुशाग्र बनाना कहानी का उद्देश्य रहता है। यह नई कहानी जीवन के उन अनुभूत क्षणों की झाँकी देकर उसके प्रति विचार के लिए सब कुछ वह पाठक पर छोड़ देती है—किन्ही अर्थों में जैसे 'सरोयान' और 'स्टिफिन ज्विग'

की कहानियाँ।

वस्तुतः सच्चे अर्थों में नई कहानी या किसी भी नई कला के अंतर्गत यह 'द' प्रकार की दिशा ही 'नया' कहलाता है। पिछली पीढ़ी में यही तत्त्व अपने ऐतिहासिक परिप्रेक्ष्य में जब 'अज्ञेय' अपनी कहानियों के द्वारा लेकर अपने समय में आए थे, तब उनकी कहानियों को भी 'नई' का विशेषण मिला था[1]। यही तत्त्व जब इस नई पीढ़ी के कथाकारों ने अपने ऐतिहासिक परिप्रेक्ष्य और दाय के भीतर से अपने ढंग से उभारा है तब इसे भी 'नई' का सहज विशेषण मिला है। यही भविष्य की भी कला का निकष होगा, ऐसा विश्वास किया जा सकता है।

इस संदर्भ में नई कहानियों का 'नया' तत्त्व—यदि एक रेखा में सहज ही रखा जाए तो परिवेशबोध की चेतना, अनुभूति का रमन तथा जीवन के नए संदर्भों, समस्याओं से जूझने की शक्ति सम्पन्नता के ही तत्त्व होंगे।

---

1. मेरा आग्रह रहा है कि लेखक अपनी अनुभूति ही लिखे, जो अनुभूति नहीं है, कोई सैद्धांतिक प्रेरणा के वशीभूत होकर उसे लिखना ऋणशोध हो सकता है, साहित्यिक सिद्धि नहीं।—अज्ञेय, शरणार्थी : भूमिका, पृष्ठ 2.

नई कहानी का शिल्प-सौंदर्य

वस्तु और शिल्प के नए प्रयोग का काल इससे पहले का था—जैनेंद्र और अज्ञेय का। हमारी यह पिछली पीढ़ी इस संदर्भ में इतनी सशक्त और जागरूक थी कि इसके हाथों कहानी अपनी उच्चतम प्रयोगशीलता को प्राप्त हुई। इन सब प्रयोगों और शिल्प सौष्ठव के अंतर्गत जो शिल्प प्रकार सबसे अधिक महत्त्वपूर्ण और प्रेषणीयता के स्तर पर सबसे अधिक संपन्न थे, उन्हीं को इस नई पीढ़ी ने अपने शिल्प में अंगीकृत किया। इस काल में मुख्य था कथ्य, संदर्भ, नई यथार्थता, जिसमें शिल्प प्रयोग का प्रश्न ही नहीं था। बल्कि हम यों कह सकते हैं कि शिल्प इसकी रचनाप्रक्रिया का एक अत्यंत स्वाभाविक-सहज अंग था। जिसे कहानी की आत्मा और स्वरूप से अलग करके उस रूप में नहीं देखा जा सकता, जैसा कि प्रेमचंद और जैनेंद्र अज्ञेय के काल में देखा जा सकता था। वहाँ कहानी का एक निश्चित रूप था, उसका एक सीमित शास्त्र था। शायद तभी उसकी एक शास्त्रीय एकरूपता थी। अमुक कहानी वर्णनात्मक है, ऐतिहासिक शैली में लिखी हुई। अमुक कहानी आत्म कथनात्मक शैली में है। अमुक कहानी का शिल्प डायरी का है, अमुक का पद्यात्मक और अमुक का पूर्वदीप्ति प्रधान (फ्लैशबैक टेकनीक) तथा अमुक का शिल्प संभाषण प्रधान है, अमुक का शिल्प नाटकीय। इतना ही नहीं, अज्ञेय ने अपनी कहानियों में इतने गठे-गठाये, पूर्ण परिष्कृत शिल्प का उदय दिया कि उन्हीं की कला में जैसे उसकी अपनी चरम सीमा तै हो गई। उसके आगे का पथ था—बिम्बों और प्रतीकों का। अंतर्मुखी रचना शिल्प का।

पर ऐसा नहीं हुआ आगे। बल्कि इस स्वाभाविक चरमसीमा के प्रतिकूल नई कहानी का शिल्प पथ शुरू हुआ। शिल्प परिष्कार, शिल्प आग्रह से कहानीकार की दृष्टि हटकर सीधे कहानी के नए संदर्भ शोध, जीवन-बोध और परिवेश चेतना पर गई। फल यह हुआ कि शिल्प कहानीकार की दृष्टि का सहज अनुवर्ती सत्य बन गया। और उसकी संचालिका कहानी की आत्मा स्वयं बन गई। कहानी का विचार, उसकी अनुभूति, उसके अविच्छिन्न जीवन संदर्भ। जीवन के जीवित संघर्षमय स्थितियों से सीधे लोहा लेने का प्रण।

न कटे-छँटे कथानक आदि मध्य अंत की भावना से न सजग, न तराशी हुई उस तरह की घटनाएँ; न रोमान, न उस तरह के बिंब न प्रतीक, न झटका देने वाले वे नाटकीय अंत, न लटके ! शेखर जोशी, अमरकांत, मार्कण्डेय की 'पानफूल' कहानी संग्रह की कहानियाँ इसके उदाहरण में हैं।

नई कहानी के शिल्प सौंदर्य में उसके कथ्य के अनुरूप जैसे कहानी का सारा शिल्प ही उदार से उदारतम हो गया। उसका बँधा-बँधाया शास्त्रीय रूप अपने आप ही उदार और महिम हो गया। कथा, लोकतत्त्व, संस्मरण, यात्रा-वर्णन की शैली, डायरी की कला, रमन पद्धति ये सबके सब तत्त्व मिल-जुलकर एक ही कहानी में उजागर महज हो गए। यह सर्वथा एक नया शिल्प ही बन गया।

कहानी का शिल्प कहानी की अंतरात्मा में जैसे सराबोर हो गया। शिल्प उसकी आत्मा में डूब कर एक हो गया और इस तरह कहानी-कला बड़ी नाजुक मर्मस्पर्शिनी बन गई। दूसरी ओर वह कहानी की उद्दाम शक्ति का वाहन हो उठी। इस सहज प्रक्रिया में शिल्प की अपनी बारीकी कहानी के स्वभाव और शक्ति के साथ एकाकार होकर अपने सही रूप में संवेदित हो उठी। इसके लिए उसे भाग्यवश पाठकों का प्रबुद्ध वर्ग विरासत रूप में ही मिला जो कहानी की प्रकाशित संवेदना तथा बारीकियों की व्याख्या और सराहना कर सके।

अब सवाल उठता है कि नई कहानी में यदि शिल्प नया नहीं है, कुछ नया विशेष नहीं है तो यह किस तरह नई कहानी है ! मेरा विचार है कि इस स्तर से शिल्प की नवीनता, नए गठन से ही कोई कहानी

नई नहीं हो सकती। नए के लिए मूल रूप से आवश्यक तत्त्व है नया जीवनानुभव और नई जीवन दृष्टि। क्योंकि जीवन दृष्टि ही यह सारभूत तत्त्व है जो चीजों का अर्थ बदलती है। यह नया अर्थ ही सारवान वस्तु है। यह नया अर्थ, बदलते हुए जीवन तथा उसके मूल्य में किस तरह कैसे घट रहा है, सार्थक हो रहा है—इसके मर्म तक पहुँचना और उसे उद्‌घाटित करना नई कला का चिरंतन लक्ष्य है। वस्तुतः नई कहानी की यही दिशा है। पर यह अभी उसकी उपलब्धि नहीं है—यह स्पष्ट है।

यहीं हर नई के प्रति एक आशंका का भाव अथवा खतरा भी खड़ा रहता है। यह खतरा है—नवीनता के प्रति आसक्ति। यह आसक्ति लेखक को उसकी असली जगह से डिगाकर उसे फार्म की नवीनता अथवा शिल्प के चमत्कृत गह्वर में खींच ले जाती है। इधर नवीनता की यही आसक्ति अनेक कहानीकारों के माथे पर मँडरा रही है और वे अनावश्यक रूप से बिम्बों और प्रतीकों के जाल में फँस रहे हैं। जिस जाल को उन्होंने अपनी उद्दाम शक्ति से तोड़ फेंका था और कहानी की धारा को नया क्षेत्र, नया प्रसंग और नया उद्देश्य दिया था, वे ही स्वयं फिर उसी रास्ते पर मुड़ रहे हैं। इसके पीछे निश्चित रूप से वही नवीनता के प्रति आसक्ति है, उसकी दृष्टि के प्रति नहीं।

जहाँ फार्म और कथ्य दोनों एक हैं, अनुरूप हैं, अविच्छिन्न हैं—ऐसी कहानियाँ इस चरण में अनेक हैं और उन्हीं कहानियों की धारा नई कहानी के शिल्प सौंदर्य की स्वस्थ धारा मानी जाए, शेष सब 'नए' के प्रति 'फैशन का भाव' माना जाए—इसमें किसी को कोई एतराज नहीं है। नए के प्रति यही आसक्ति की भावना ही शायद ग्रामीण और शहरी जैसी कहानियों के अलगाव में सहायक सिद्ध हुई थी। क्योंकि कहानी का फार्म ही कहानी की आत्मा उसका आंतरिक स्वरूप बन जाए, ऐसा कभी नहीं उपादेय हो सकता—उपलब्धि तो कभी ही नहीं। कहानी की मौलिक अनिवार्यता आखिरकार चरित्र ही है, वह जीवन अंश ही है, जो कहानी के नए शिल्प का उत्स बिंदु है। इसी के अनुरूप ही कहानी अपने शिल्प को अपने आप ही बदलती और विकसित करती रहती है।